기본사회로 가는
재비용 도시

일러두기

- 이 책의 맞춤법과 띄어쓰기는 국립국어원의 표준국어대사전을 기준으로 하였으나, 일부 복합 명사와 단체명, 법률, 정책, 회의 등의 띄어쓰기는 저자의 요청에 따라 예외로 하였다.
- 외래어 표기는 국립국어원의 외래어 표기법을 기준으로 하였으며, 인명은 현지어 발음을 우선으로 하였다.
- 정기 간행물, 신문, 잡지, 방송, 만화, 음반 등은 「」, 단행본, 논문, 보고서, 법률, 조례는 『』, 단체, 기구, 회사, 회의는 〈〉로 표시하였다. 단, 때에 따라서는 예외적으로 표시하지 않았다.
- 주석은 모두 미주로 처리하였다.

기본사회로 가는 재비용 도시

이주원 지음

목 차

2장
저비용 기본사회의 주춧돌, 사회주택

목 차

3장
지역을 살리는 새로운 해법

4장
사회혁신의 재도약을 위하여

맺음말

| 추천의 글

혁신과 연대를 통한 기본사회를 구상하다

변창흠(세종대학교 행정학과 교수)

끊임없이 새로운 혁신 모델을 찾아 나서던 이주원 〈도시커뮤니티연구소〉 대표가 주거 불평등 해소와 사회 변혁을 위해 노력해 온 인생 역정과 현안 해결을 위한 구상을 정리해서 나타났다. 『기본사회로 가는 저비용 도시』는 그동안 도시재생, 사회주택, 사회적경제의 실무 현장과 서울시, 국토교통부, 세종시라는 정책 현장의 경험에 바탕을 두고 있기 때문에 공허하지 않고 생생하다.

이 책의 저자인 이주원 대표가 본격적으로 사회혁신가로 이름을 알린 것은 뉴타운·재개발 사업이 심각한 사회 문제로 대두되던 시기에 사회적기업인 〈㈜두꺼비하우징〉을 창업해서 새로운 도시재생 모델을 제시했을 때부터였을 것이다. 그 당시는 나 역시도 서울 전역에 걸쳐 추진되던 뉴타운·재개발 사업의 열풍과 그로 인한 부작용을 우려하면서 대안적 모델을 고민하고 있던 시기였다. 은평구에서 김우영 구청장과 함께 《㈜두꺼비하우징》이 추진했던 통합적 도시재생 모델은 그 당시로서는 경제적 재생과 주민 공동체를 통합적으로 추진하는 새로운 대안 모델로 받아들여졌다. 이러한 경험이 바탕이 되어 서울시가 본격적으로 뉴타운 출구전략과 대안 모델을 모색할 때 이 대표는 서울시 주거재생지원센터장을 맡아 서울시의 실태 조사, 갈등 관리, 주민 교육, 대안 모델 개발을 지원하는 역할을 수행했다. 이 무렵 나는 외부 전문가로서 센터의 운영위원장을 맡아 뉴타운 사업을 보완하고 대체할 수 있는 대안 모델의 방향을 두고 치열한 논쟁을 했던 기억이 난다.

그동안 이 대표가 주거와 복지, 도시 분야에 걸쳐 활동한 경력을 지켜보면서 이 대표는 실천가이자 혁신가이며, 소셜 디자이너의 역할을 동시에 수행해 온 아주 특별한 전문가라는 생각이 들었다.

우선 이주원 대표는 사회적 불평등과 불의를 보고 직접 나서서 해결하고자 하는 실천가이다. IMF 이후 주거 문제로 고통받고 있는 실직자와 홈리스를 위해 무료 급식소와 자활지원시설을 운영한 이래로 사회적 이슈가 된 현장에 직접 뛰어들어 때로는 몸으로, 또 때로는 아이디어로 문제를 해결하기 위해 노력해 왔다.

둘째, 이 대표는 끊임없이 새로운 사업 방식과 해법을 고민하는 혁신가이다. 그는 재개발과 뉴타운 문제가 사회적 이슈가 되었을 때 주거 문제를 사회적 의제로 설정하고, 적극적인 대안을 모색하기 위해 〈사단법인 나눔과미래〉를 창립하였다. 이후 도시재생과 사회주택을 주요 사업으로 하는 사회적기업 〈㈜두꺼비하우징〉을 창업하고, 산새마을에서 활동을 풀어냈다. 최근에는 경기도에서 전세사기 문제를 해결하기 위해 설립한 〈탄탄주택협동조합〉의 상임이사를 맡고 있다.

셋째, 이 대표는 풀어내야 할 문제를 공유하고 해법을 만들어 내는 사회적 디자이너이다. 그동안 봉사 단체, 사단 법인과 사회적기업, 협동조합 등 끊임없이 새로운 기관을 창설하여 문제를 해결하고 실행하였을 뿐만 아니라 우리 사회 혁신의 비전을 제시하고, 실행 전략을 구상하는 설계자의 모습을 보여주었다.

이 책에서 이 대표는 우리 사회가 궁극적으로 지향해야 할 미래의 비전으로 기본사회를 설정하고 있다. 기본사회란 국가가 책임지고 시민들이 최소한의 삶이 아닌 일정 수준 이상의 기본적인 삶을 살아갈 수 있도록 하는 사회를 의미한다. 이 대표는 기본사회를 실현하기 위해서는 저비용 도시를 만들어야 한다고 보았다.

오늘날 우리 사회는 모든 국민이 최소한 인간으로서 누려야 할 조건인 교육, 주거, 복지 분야에서조차 시장의 논리, 경쟁의 원리가 생활 각 분야에 깊이 뿌리내리면서 어느덧 불평등 구조와 고비용 도시의 모습을 갖추게 되었다. 고비용 구조는 사회적 양극화를 확대시킬 뿐만 아니라 저출산, 급속한 고령화, 높은 자살률 등으로 이어져 우리 사회의 지속 가능성을 위협하고 있다.

고비용 사회를 낳은 구조를 해체하고 대안적 해법을 찾아내는 것은 우리 사회 모두의 기대이자 소망이기도 하다. 그러나 저비용 도시는 좋은 목표일 수는 있지만, 저절로 달성될 수는 없다. 저비용 도시는 근본적인 인식 전환과 연대를 통한 개혁 추진 없이는 불가능하다. 이 점은 이 대표도 잘 지적하고 있다. 이 때문에 책의 제목으로는 '혁신과 연대를 통한 기본사회 만들기'가 더 어울리지 않을까도 생각해 본다.

이 대표는 혁신의 본질은 '실행'이 아니라 '콘셉트 디자인'이라고 말한다. 이는 새로운 콘셉트를 설정하지 않으면 근본적인 혁신을 실행할 수 없을 것이라는 절박감에서 나온 표현이라고 본다. 나는 혁신의 실행에서 콘셉트의 디자인과 함께 이 콘셉트를 실행하고 성과를 도출할 수 있는 실행 모델의 디자인이 강조되어야 한다고 본다. 아무리 올바른 정책 방향과 개념을 설정하더라도 이를 실행할 수 있는 사업실행 모델을 설계하지 못하면 실행에 옮겨질 수 없고, 성과도 도출할 수 없기 때문이다. 수많은 개혁 과제들이 올바른 비전과 방향을 설정했음에도 불구하고 시민들의 삶의 질을 향상시키는 성과를 도출하지 못했기 때문에 정책 실패로 낙인찍히는 현실이 그를 방증한다.

『기본사회로 가는 저비용 도시』는 도시와 주거, 사회적경제, 그리고 혁신 분야에서의 이주원 대표의 독특한 경험에 기반을 두고 명확한 비전과 실행 전략을 제시하고 있기 때문에 앞으로 우리의 도시 개혁과 서민들의 주거 문제 해결에 큰 함의를 지닐 수 있을 것이다. 기본사회로 가는 길은 여전히 멀고 험난하다. 혁신적이되 꼼꼼한 사업실행 모델을 만들어 모든 시민이 기본적인 삶을 살 수 있는 도시와 국가를 실현하는 데 이 책과 이주원 대표가 큰 역할을 하기를 기대한다.

2023년 가을, 서울 군자동에서

삶과 희망의 뿌리, 집

대한민국의 역사는 진보와 반동의 역사다. 1960년 사월 혁명의 기쁨이 채 가시기도 전에 5.16 군사 쿠데타의 어둠이 찾아왔고, 1980년 광주에서 공수부대의 총탄에 수많은 시민이 희생되었다. 그러나 국민은 어둠 속에서도 희망의 빛을 찾았다. 불의와 독재에 굴복하지 않았다.

어둠은 빛을 이기지 못한다. 우리는 군사 정권의 암흑 속에서 한강의 기적을 일구었고, 1987년 6월 시민혁명을 통해 민주주의를 이 땅에 뿌리내렸다. 비록 IMF 국가 부도 사태라는 미증유의 위기가 찾아왔지만, 국민은 '금 모으기 운동'[1]으로 위기 극복에 적극 동참했다. 전 세계 어느 나라 국민에게서도 찾아볼 수 없는 희생과 열정으로 위기를 극복했다.

그 뒤 박근혜 정부 시절 세월호 참사가 발생했고, 최순실 국정농단 사건이 벌어졌다. 대한민국 국민은 세월호 희생자들의 억울함을 풀어주고 국정농단 세력을 심판하기 위해 촛불을 들었다. 세계사에 기념비적인 시민혁명으로 기록될 촛불혁명이었다. 당시 국민의 손에 들려진 촛불은 대통령 박근혜를 탄핵하고, 문재인 정부를 출범시키는 원동력이었다.

그러나 위대한 국민의 여정에는 남다른 눈물이 숨어 있다. 경제 성장과 민주화 과정에서 피땀 어린 눈물을 흘렸던 가난한 노동자들과 빈민들, 이들과 청춘을 함께 불살랐던 주민 지도자들이 떠오른다. 이렇게 불현듯 옛사람들을 떠올리는 건 긴 시간이 흘렀음에도 우리 사회의 불평등, 그중에서도 주거 불평등은 전혀 나아지지 않았기 때문이다.

주거 불평등, 평생의 숙제

주거 불평등의 해결은 내 삶의 숙제였다. 나는 20대 후반부터 지금까지 수십 년을 서민의 주거 불평등 해결을 위해 현장을 지켜왔다. 특히 IMF 국가 부도 사태는 나에게 집이 한 사람, 한 가정에 어떤 의미인지를 가르쳐준 계기였다. 단군 이래 최악의 경제 위기였던 IMF 사태는 수많은 기업을 도산으로 몰아넣었고, 수많은 가장을 거리로 내몰았다. 실직자들이 거리에 쏟아져 서울역에서만 2천여 명의 홈리스가 거리 생활을 하였다.

당시 나는 〈경제정의실천시민연합〉의 자매 시민단체인 〈경제정의실천불교시민연합(이하 경불련)〉[2]의 간사로 활동했다. 〈경불련〉은 거리로 내몰린 실직자, 즉 홈리스를 지원하기 위해 서울역 인근 서소문 공원에서 무료 급식소를 운영했다. 그곳에서 나는 1997년 겨울부터 1998년 한 해 내내 서울역에서 노숙을 하던 홈리스에게 무료 급식을 지원하면서 이들의 자활을 고민하였다.

홈리스 자활의 핵심은 주거와 일자리였다. 그래서 서소문 공원에서 무료 급식을 하면서 홈리스들의 자활을 위한 지원과 생활 시설을 준비한 끝에 1999년 1월 성북구 보문동에 자활지원시설인 〈아침을여는집〉을 개소했다. 그리고 그해부터 20여 명의 홈리스와 자활을 꿈꾸며 미래를 준비했다.

홈리스 자활은 쉽지 않았다. 다행히 일자리는 정부가 공공근로 등을 위한 재정을 확보하여 빠르게 제공받을 수 있었지만, 주거 문제의 해결은 쉽지 않았다. 단시일 내에 공급할 수 있는 상품도 아니고, 막대한 재원이 드는 문제라 사회적 합의도 필요했다. 그래서 어떻게든 주거 문제를 사회적 이슈로 만들어야 했다. 홈리스의 주거 문제를 넘어 뉴타운·재개발 지역의 세입자, 옥탑방이나 쪽방 등에 거주하는 도시빈민의 문제로 의제를 확대해야 했다.

2006년 1월 광화문의 허름한 대폿집에서 세 명의 30대 활동가들이 소주잔을 부딪치며 새로운 주거복지 운동을 결의했다. 서른일곱 살 동갑내기였던 남철관, 오범석, 그리고 나 이렇게 세 사람은 그해 7월 〈사단법인 나눔과미래〉[3]를 창립하였다.

〈나눔과미래〉는 2007년부터 재개발 문제에 개입하여 주거 약자를 지원했다. 불합리한 제도를 찾아 개선하고, 찾아가는 주민설명회 등의 홍보 캠페인도 주도적으로 추진했다. 당시 〈나눔과미래〉의 지역사업국장이었던 나는 2008년부터 재개발 지역 세입자들의 주거권을 지키기 위해 세입자들과 연대하여 싸웠다. 세입자들의 주거권은 곧 생존권이었다.

그 시절 세입자들은 생존권을 지키기 위해 격렬하게 저항했다. 그러나 이명박 정권은 경찰을 동원해 세입자들의 저항을 폭력적 진압하여 '용산 참사'라는 비극을 일으켰다 용산 참사는 세입자들과 함께 주거권을 지켜왔던 나에게도 큰 충격이었다. 더 이상 이런 비극이 반복되지 않도록 도시재생과 사회주택의 새판을 짜는 일이 더욱 절실하게 다가왔다.

지역재생기업 ㈜두꺼비하우징 창업

새로운 대안이 필요했다. 주민과의 만남이 계속될수록 말로만 하는 것에 한계를 느끼기 시작했다. "재개발 사업에 반대하면 대안은 있어요?"라는 질문에 제대로 대답할 수 없었다. 재개발에 반대하는 게 아니라 대안을 발굴하는 게 급선무이자 본질이었다. 그런데 대안은 몇 마디

말로 설명할 수 있는 게 아니었다. 모델을 만들어서 실천해야 했다.

나는 기존의 개발 사업 중심에서 공동체와 경제적 재생을 포괄하는 통합적 도시재생을 대안으로 찾았다. 마침 그 무렵은 사회적기업이 하나둘씩 늘어나기 시작하던 시기로, 수익도 내면서 사회적 가치를 실현하는 기업인 사회적기업이야말로 새로운 대안을 실현할 수 있는 조직이라는 판단이 들었다. 그래서 동료들과 2010년 12월 은평구에서 도시성장의 과실을 공평하게 나눌 수 있는 기반을 마련하기 위해 도시재생과 사회주택을 주요 사업으로 하는 사회적기업 《㈜두꺼비하우징》을 창업했다.

《㈜두꺼비하우징》 창업의 바탕에는 세 가지 인식이 깔려 있었다. 우선 마을의 발전을 주민들이 스스로 결정하지 못하고, 욕망과 자본이 좌지우지하게 두어서는 안 된다는 생각이었다. 욕망과 자본에 의한 개발로 마을이 해체된다면 우리 사회의 미래는 암담하다고 판단했다.

두 번째는 왜 꼭 아파트여야 하느냐는 물음이었다. 아파트가 가지고 있는 여러 장점에도 불구하고 아파트를 건설하는 과정에서는 세입자의 젠트리피케이션[4], 마을의 역사성과 장소성의 소멸, 공동체의 해체 등의 문제가 발생한다. 그렇다면 마을을 아파트 단지와 같은 경쟁력 있는 주거지로 만들 수 없을까? 마을을 바라보는 관점을 경제적 가치가 아닌 사회적 가치로 바꿀 수 없을까 고민했다.

세 번째는 사회적 가치를 추구하면서 사회 발전의 동력이 될 수 있는 조직이 필요했다. 후원금으로 운영되는 조직이 아닌, 우리 사회가 풀어가야 할 사회적 과제를 비즈니스 방식으로 해결하고 싶었다.

그 직전인 2010년 6월, 서울에는 혁신적인 지방자치단체장들이 여럿 선출되었다. 새로 당선된 단체장들의 정책은 말 그대로 혁신적이었다. 그중에서도 은평구에서 당선된 김우영 구청장은 '두꺼비하우징' 사업을 공약했다. 이 사업은 골목길의 보전, 주택 관리 등을 목적으로 하는 주거재생 사업이었다.

그 두꺼비하우징 사업을 추진하는 사회적기업이 《㈜두꺼비하우징》이었다. 우리의 첫 사업 대상지는 은평구 신사1동 산새마을이었다. 산새마을 재생 사업은 물리적 재생, 커뮤니티 재생, 경제적 재생이라는 통합적 도시재생 원칙을 가지고 처음으로 시작한 사업이다. 해당 사업을 추진하면서 통합적 도시재생을 개척한 《㈜두꺼비하우징》의 실무 경험과 역량은 나날이 커졌다.

《㈜두꺼비하우징》은 주식회사이지만 주주의 이익보다 사회적 가치의 실현을 중시하는 사회적기업의 길을 걸어왔다. 그 결과 은평구는 물론 서울시 도시재생 사업의 모델이 되었고, 문재인 정부의 도시재생 뉴딜정책에도 영향을 주었다.

도시재생 뉴딜과 사회주택 정책을 만들다

오늘날 대한민국은 지역 쇠퇴와 소멸의 시계가 점점 빨라지고 있다. 지방 중소 도시는 인구 감소, 고령화 등의 원인으로 소멸의 카운트다운이 이미 시작됐다. 이 도시들에는 건물 노후화가 확산하고 있으며, 일자리 감소가 심해지는 등 시민들의 삶의 만족도가 낮아지고 있다. 또한 청년 주거 문제, 2023년 사회적 재난 수준의 대규모 전세사기 사건에서 알 수 있듯이 사회적 약자의 주거 문제가 여전히 해결되지 않았다.

뒤돌아보면 나에게 지난 20여 년은 시민단체, 주거복지기관, 사회적 기업, 주택협동조합 등을 거치며 남들이 알아주지 않아도 가난으로 목소리조차 제대로 내지 못하는 이웃들의 곁을 묵묵히 지켜온 시간이었다. 그리고 2012년 겨울, 나는 내 삶의 숙제인 사회적 약자의 주거와 지역 쇠퇴 문제를 해결하기 위해 공직으로 활동의 기반을 옮겼다.

박원순 전 서울시장의 부름을 받아 2012년 12월부터 2014년 4월까지 〈서울시 주거재생지원센터〉의 센터장을 맡았고, 문재인 정부가 출범한 직후부터는 3년간 국토교통부 장관의 정책보좌관과 세종시 정책특별보좌관을 역임하며 주거복지와 도시재생, 사회주택, 스마트시티와 같은 분야에서 공직을 수행하였다. 그 과정에서 서울시 뉴타운 출구전략 추진과 문재인 정부의 도시재생 뉴딜정책, 사회주택 활성화 방안을 만드는 데 참여했던 경험은 내게 큰 행운이자 소중한 자양분이었다.

불평등한 고비용 도시

오늘날 우리는 대한민국 건국 이래 가장 부유한 환경에서 가장 불안한 미래를 전망하는 시대를 살아가고 있다. 무엇이 우리의 미래를 불안하게 하는가? 그 뿌리는 바로 고비용을 요구하는 삶의 장소인 도시이다. 고비용 도시(high-cost city)는 그 안에 사는 사람들을 평등하게 대해주지 않는다. 특히 대도시일수록 거주 비용은 증가하고, 불평등의 격차는 커진다. 그중에서도 내가 살고 있는 대한민국 서울의 거주 비용은 세계 최고 수준이다.

이런 고비용 도시에서 미래는 불안할 수밖에 없다. 국민의 미래에 대한 불안감을 낮추는 것, 그것이 민생 정치이고 진보적 도시 정책의 방향이다. 그리고 민생 안정과 진보적 도시 정책의 목표를 실현해 가는 과정을 '기본사회로 가는 대장정'이라 부르고자 한다.

비슷한 맥락에서 더불어민주당 이재명 대표는 2023년 1월 12일 국회에서 기자회견을 열어 기본사회의 비전을 밝혔다. 기본사회의 비전은 '국가가 최소한의 삶이 아닌 일정 수준 이상의 기본적인 시민의 삶을 책임져야 한다'라는 것으로, 그를 뒷받침할 3대 축으로는 '기본 소득, 기본 주거, 기본 금융'이 제시되고 있다.

나는 이재명 대표의 기본사회 비전에 동의하며, 이를 실현하기 위한 전략으로 '저비용 도시 만들기'를 제안한다. 사교육비를 낮추고 모두가 평생 교육을 누리는 평생 교육 도시, 안전할 권리가 보장되고 의료 차별을 받지 않는 안전 건강 도시, 지불 가능한 주거가 공급되는 안심 주거 도시, 기후 위기에 대응하는 탄소중립 도시와 자전거의 수송 분담률이 높은 대중교통 도시가 그 구체적인 상(像)이다. 그러나 그로 향하는 길목마다 저항하는 기득권 세력이 있다. 이 기득권 세력의 반대를 넘어 국민의 수용성을 높이는 일은 결코 쉬운 과제가 아니다.

한편 코로나19 팬데믹 이후 미국의 Fed(Federal Reserve System, 연방준비제도)는 물론 세계 주요 국가들의 중앙은행들이 인플레이션(inflation)을 잡기 위해 총력전을 벌이고 있다. 화폐 가치는 하락하고 물가는 지나치게 올랐기 때문에 강력한 처방으로서의 급격한 금리 인상은 피할 수 없다.

소득과 소비의 안정을 위해 인플레이션은 잡아야 한다. 인플레이션은 고비용 도시를 만드는 기폭제 같은 위험 요소이기 때문이다. 그러나 인플레이션 그 자체도 도시의 고비용 구조를 고착시키는 원인이지만, 인플레이션을 잡기 위한 기준 금리 인상은 도시민들에게 주택과 주식 가격의 급락이나 기업의 부도로 인한 해고 등 일련의 고통을 겪게 한다.

한국의 대도시는 상당히 큰 비용을 치러야만 거주 또는 정주를 허락하는 진입 장벽이 높은 성이다. 거액의 요금을 내야 입장할 수 있는 디즈니랜드 같은 곳이다. 서울에 거주하려면 더욱 큰 비용이 든다. 월세를 살든 전세를 살든 자가를 소유하든, 도시는 상당한 비용의 주거비를 요구한다.

또 의료비는 어떠한가? 전 국민 건강보험이 국가 의료보장 시스템으로 작동하고 있지만, 암 보험, 실손 보험 등 개인들은 보장성 보험 한두 개 정도는 대부분 가입하고 있다. 아파서 병원에 가도 돈이 없으면 치료를 거부당하는 사례도 종종 있다. 더구나 병들어 약해지면 노동시장에서 퇴출당하고, 도시는 노동 소득을 상실한 도시민에게 잔혹한 불평등의 공간으로 변한다.

도시민들은 저마다 자신의 경제적, 문화적 수준에 맞게 산다. 이를 우리는 계급이라고 한다. 자신이 유지하는 경제·문화적 계급을 세습하기 위해 도시민들은 막대한 소득을 자녀 교육비에 쏟아붓는다. 아빠의 무관심과 엄마의 정보력, 그리고 조부모의 경제력이 잘 조화된다면 계급의 세습은 순조로울 것이다. 하지만 경제력도, 정보력도 없는 가정에서 태어난 아이들은 출발부터 불평등하다. 그리고 우리의 도시는 이 불평등을 더욱 심화시킨다. 돈 먹는 하마인 사교육 시스템에 들어가느냐, 못 들어가느냐가 아이들의 학력과 학벌을 정해버리기 때문이다.

그렇다면 이동 수단과 에너지 영역은 과연 평등한가? 역설적이게도 '가난한 도시민'은 탄소 배출을 적게 한다. 겨울에는 도시가스 요금을 아껴야 하고, 여름에는 에어컨을 '켰다 껐다' 하면서 전기 요금을 아끼며 산다. 출퇴근은 BMW(Bus, Metro, Walking)를 주로 이용한다.

반면 기후 위기 시대에 너도나도 탄소중립을 외칠 때, 어떤 도시민들은 수십 킬로그램 정도의 몸무게를 이동시키기 위해 연비도 안 좋은 고급 차를 몰고 다니며 엄청난 양의 탄소를 배출해 댄다. 서민들은 난방비와 냉방비를 아끼기 위해 고군분투를 할 때, 또 어떤 도시민들은 창문을 열고 에어컨을 켠다.

우리가 살고 있는 이러한 고비용 도시는 과연 지속 가능할까? 살인적인 주거비, 경제·문화적 계급을 세습하는 교육비, 빈부 격차가 극명해지는 의료비와 에너지 비용. 문제는 도시에 거주하려면 주거비, 교육비, 의료비, 에너지 비용 등의 비싼 요금을 치르지 않을 수 없다는 것이다.

기회의 저비용 도시

우리는 불평등한 고비용 도시에 살고 있다. 따라서 고비용 도시에서 저비용 도시로 가는 길이 바로 기본사회로 가는 대장정이다. 지금부터는 누구에게나 평등한 기회를 보장해 주는 저비용 도시를 만들어 가기 위한 네 가지의 큰 줄기를 이야기해 보고자 한다.

우선 사교육비를 낮추고 모두가 평생 교육을 받는 도시가 저비용 도시이다. 사교육 위주의 현 교육 시스템은 고비용 도시의 주범이다. 비록 교육 전문가는 아니지만, 나 역시 대입 수험생 두 자녀를 둔 아빠로서 한국의 사교육 현실을 몸소 겪고 있다. 초, 중, 고를 아무리 개혁하고 변화시켜도 '대학 서열화'가 해체되지 않는 한 전지전능한 예수 그리스도가 부활해 온다 한들 사교육 혁파는 불가능하다. 나는 고비용 교육비 문제의 핵심을 '대학 서열화'라고 본다. 대학 서열을 반드시 무너뜨려야 한다.

또한 기술의 발달로 인해 수많은 직업이 과거의 유물이 되어 역사책에나 남을 것이다. 변호사, 교사, 판사, 회계사, 버스와 택시 기사 등은 인공 지능과 빅데이터 기술이 발달하면 할수록 소멸 대상이 될 직업들이다. 이제 고등학교와 대학교 때 배운 얕은 지식으로만 살아갈 수 있는 시대는 곧 마침표를 찍게 될 것이다. 기술 혁명의 파도를 넘어서야 한다. 평생 배우는 도시를 그래서 만들어 가야 한다.

다음으로 둘째, 안전할 권리가 보장되고 의료 차별을 받지 않는 안전 건강 도시가 저비용 도시이다. 병들고 아파도 생존을 보장하고 노동 소득이 상실되어도 걱정 없이 살 수 있는 도시, 안전을 철저히 관리하여 2022년 10월 29일 이태원 참사와 같은 일이 재발하지 않는 도시 말이다.

셋째, 탄소중립 도시와 대중교통 도시가 저비용 도시이다. 지구단위계획, 주거지정비계획 등 도시관리계획의 수립 단계부터 탄소 발생 총량제를 적용해야 건물 부문에서 에너지 전환을 만들 수 있고, 불평등한 에너지 소비를 줄일 수 있다. 또한 도심의 핵심 지역에서만이라도 자전거의 수송 분담률을 높여야 한다. 서울시의 경우 사대문 안, 영등포 일대, 삼성역 일대, 신촌과 홍대 일대 등 핵심 지역의 도로 다이어트를 통하여 자전거 도로를 확보함으로써 자전거의 수송 분담률을 높여야 한다.

넷째, 적정한 비용으로 살 수 있는 주택이 제공되는 안심 주거 도시가 저비용 도시이다. 사회주택 등의 저렴한 임대주택은 물론이거니와 협동조합주택, 공동체주택 등 소유 및 자산형 주택도 적극 공급하는 정책을 펴야 한다. 절대로 주택(부동산)은 시장에만 맡겨서는 안 된다. 도시 정책에서 주택 시장 개입은 꼭 필요한 정책이다. 그중에서도 사회주택, 협동조합주택, 공동체주택과 같이 시장의 가격 변동성에 탄력적으로 대응할 수 있는 주택 공급 정책은 매우 중요하다.

이와 같은 평생 교육 도시, 안전 건강 도시, 탄소중립 및 대중교통 도시, 안심 주거 도시는 지구에 회복력을 주는 터전이며, 도시인들에게 불안함을 벗고 미래를 다시 그릴 수 있는 희망을 여는 길이다. 우리는 이러한 저비용 도시를 만들기 위해 한 치의 망설임이나 물러섬 없이 뚜벅뚜벅 나아가야 한다.

저비용 기본사회와 주거 정치

주거정책은 TOP(Target Oriented Program) 정책이다. 즉 정책의 수혜층을 목표로 삼아 추진하는 정책이다. 예를 들면 사회주택은 무주택 1인 가구 대상이고, 행복주택은 신혼부부, 대학생 등이 대상이다. 주거 상향 사업은 반지하 등 불량 주거 거주자가 대상이며, 신도시 조성은 수도권 지역 중산화 가능 계층이 대상이다. 공공임대주택은 주거 약자가 대상이고, 종부세 등 조세 완화는 강남을 중심으로 한 자산가 대상 정책이다.

이런 주거정책은 세대 간, 계층 간, 지역 간 갈등을 내재하고 있다. 아파트를 둘러싼 세대 간(586세대 vs MZ세대) 갈등이 대표적인 예다. 수도권 도시에 대한 비수도권 도시의 경쟁 심리와 위기의식은 경쟁적 신도시(신시가지) 개발을 추진하게 한다. 강남 등지의 자산가 주도로 종부세와 같은 조세 완화 압력이 커지고, 공공임대주택 건설과 관련해 님비 현상 등 지역 내 계층 간 갈등이 빚어지는 경우도 빈번하다.

그래서 주거정책은 공무원의 정책 영역을 넘어 집권 세력의 지지층을 결속시키기도, 붕괴시키기도 하는 주거 정치의 영역이다. 주거 약자인 MZ세대와 서민들은 문재인 정부 시절 민주당의 주거 정치에 실망해 지지 연합에서 떨어져 나갔다. 노동 소득으로 따라잡을 수 없는 자산 격차를 경험한 MZ세대와 서민들의 민심이 민주당을 떠나간 것이다. 이들은 민주당이 무능할뿐더러 노영민 대통령 비서실장의 사례[5]처럼 내로남불의 주거 정치를 한다고 생각하고 있다.

특히 청년들은 자산의 불평등이 심각하다고 인식하고 있다. 여론조사기관인 〈리서치뷰〉가 2023년 3월 19일부터 31일까지 조사한 결과를 보면, 청년들은 공공임대주택 확대(73.7%), 부동산 상속세 및 보유세 세율 인상(67.4%) 등 자산 불평등 해소 정책을 선호하고 있다. 따라서 주거 정치는 자산 불평등을 해소하는 방향으로 나아가야 한다. 적정 비용으로 안심하고 살 수 있는 주거의 마련이 가능한 기본사회를 실현하는 것이 주거 정치가 짊어질 몫이다.

1장

집은
희망과 절망의 교집합

MZ세대와 586세대의 아파트 전쟁

아파트 세대

'집'이란 무엇일까? 비나 눈보라를 막아주고, 추위와 더위를 피할 수 있게 해주며, 외부의 폭력 같은 위험으로부터 지켜주고, 휴식과 잠을 자는 등 인간의 기본적인 욕구를 해결해 주는 공간이다. 그런데 이런 역할을 하는 집이 없다는 것은 엄청난 위기가 닥친다는 뜻이다. 물리적 의미로서 집을 잃어버렸다는 것은 추위와 더위, 갈취와 폭력, 그리고 여러 위협적인 외부 환경으로부터 자신을 보호할 수 있는 안전지대를 잃어버렸다는 것을 의미한다.

사람들에게 집은 여행이 끝난 뒤 '쉼'의 공간이며, 은신처이자 안전한 공간이다. 그래서 집을 잃어버렸다는 것은 휴식 없는 여행이며, 자신만의 공간 없이 도시 유목 사회에 방치된 낯설고 불안한 세상살이를 뜻하는 것이다. 이렇듯 사람이 자존감을 지키며 살아가는 데 집은 중요하다. 집은 단순한 거처(shelter) 이상의 의미를 지니고 있다. 집은 환경을 통해 개인이 중요하고 가치 있게 여기는 것들을 구현하는 일종의 세계인 것이다.

이러한 집을 두고 MZ세대(2030)와 586세대(5060) 간 아파트 전쟁이 벌어졌다. 586세대는 말 그대로 '아파트 세대'이다. 아파트 한 채 장만하는 것이 인생의 목표였고, 그 목표를 위해 모든 것을 걸었다. 이런 세대를 과연 기득권 세대라고 할 수 있을까? 아파트 세대는 국가가 책임지지 않는 노후를 위한 복지에 집 한 채를 베팅한 초라한 세대일 뿐이다. 물론 나도 그들 중 하나다.

아파트 세대에게 아파트는 미래 복지였다. 안정적으로 월급을 받는 직장에 들어가 분양가상한제와 청약 통장과 은행 대출로 아파트를 분양받아 놓으면, 아파트는 시간의 도움을 받아 스스로 몸값을 키웠다. 몸값이 비싸진 아파트 한 채는 노후 복지를 위한 보증서였다.

주택 같은 자산을 통해 노후 복지를 해결하는 방식을 자산축적형 복지라고 한다. 자산축적형 사회복지는 일자리가 풍부하고, 경제가 성장하며, 주택 가격이 안정적으로 상승하는 상황에서 역모기지론[6] 같은 금융 정책이 작동할 때 효과가 크다.

글로벌 인플레이션으로 세계 경제의 위기가 오자, 미국 연방준비제도(Fed)는 '자이언트 스텝, 빅 스텝'[7]의 행보를 하며 금리를 인상하였다. 시장에 돌던 막대한 유동성 자금을 회수하여 물가를 잡겠다는 것이다. 이에 질세라 한국은행도 빅 스텝을 밟으며 금리를 인상했다. 인플레이션을 잡기 위한 중앙은행의 공격적인 금리 인상은 주택 시장을 얼어붙게 했다.

금리 인상은 주택 시장에 영향을 크게 미친다. 전국 아파트의 가격 하락이 눈에 보일 정도로 낙폭이 커진다. 지방 도시는 물론이고 서울 노원구 아파트의 가격 하락은 심각한 수준이었다. 노원뿐만 아니다. 서울시 25개 자치구 전체의 아파트 가격 하락 폭이 심상치 않았다. 그런데 문제는 앞으로 상황이 더 나빠질 거라는 점이다.

급격한 금리 인상으로 영혼까지 끌어모아 아파트를 장만한 영끌족의 이자 부담이 커졌다. 주택 가격이 오를 때야 이자가 오르더라도 버틸 수 있지만, 주택 가격 하락기에 이자 부담이 늘어나면 버티기가 힘들다. 물론 주택 가격 하락기에 이자를 부담하면서 버틸 수 있는 영끌족은 5년 또는 10년 후에는 그간의 손해를 보상받을 수 있을 것이다. 하지만 영끌족이 비싼 이자를 내며 수년을 버틴다는 것은 판타지다. 결국 손절하고 패배자의 삶을 다시 사는 것이 현실이다.

1기 신도시 재정비 사업, 3기 신도시 주택 공급, 재개발·재건축 사업도 완전 정지 상태다. 건설 자재 가격도 너무 올랐고, 집값은 내려가는데 누가 주택을 공급하려고 할까? 오세훈 서울시장의 모아주택지구 신규 지정, 신통기획(재개발 신속통합기획)도 속살을 들여다보면 구역 지정과 사업 인허가 단계 정도까지만 갈 수 있을 뿐, 임기 중에 계획된 물량을 공급한다는 건 불가능하다. 게다가 민간 건설사가 거기에 입질하지도 않을 것이다.

우리나라는 전쟁의 폐허 위에 도시를 재건하고, 집과 공장을 지어 성공한 나라이다. 서울의 경우 1960년 주택 보급률은 60%에 불과했으나, 지금은 103% 이상이다. 더구나 1960년에는 주택의 40%가 판잣집이었지만, 지금은 아파트가 60%를 넘었다.

양적으로나 질적으로나 위대한 성공을 거둔 나라지만, 우리 주택 시장은 여전히 세계적으로 높은 집값, 취약한 주거복지, 불투명한 주택 시장이라는 3가지 문제를 해결하지 못하고 있다. 특히 청년층은 소득보다 너무나 턱없이 높은 집값에 절망한다. 부모 세대가 올려놓은 집값의 피해자가 된 것이다. 그들은 저렴하고 안정된 주거의 부족으로 인해 결혼을 미루고 아이 낳는 걸 주저하게 된다. 신혼부부를 위한 주택 문제의 해결이 비단 개인의 문제가 아니라 국가적 과제인 이유다.

물론 청년들만 불안한 것은 아니다. 50대 이상 중고령층도 불안하다. 이들에게 집은 전 재산이다. 65세 이상 고령자 가구의 자가 소유율이 70% 정도임에도 노인 빈곤율은 50%를 넘는 것이 또한 우리의 현실이다. 집만 가진 가난한 노인이 너무 많은 상황이다.

세대 간 아파트 전쟁

아파트 한 채에 모든 기대를 걸고 살아온 부모 세대에게 세계 인플레이션으로 인한 집값 폭락은 악몽이다. 반면 영끌족이 아닌 무주택 청년들에게 문재인 정부 시절의 집값 폭등은 악몽이었다. 이렇듯 우리는 전혀 다른 이해관계의 악몽과 악몽이 충돌하는 시대를 살고 있다. 아파트를 놓고 아파트 세대(586세대, 5060)와 아파트 키즈(MZ세대, 2030)가 전쟁 중이다. 세대 간 전쟁(Housing-Generational War)이 현실화했다.

아파트 세대는 고성장 세대이며, 아파트 키즈는 저성장 세대이다. 같은 국가의 국민이지만 전혀 다른 경험을 한 양쪽 세대가 집을 놓고 다투지 않고, 함께 주택 문제를 해결할 방법은 무엇일까? 공급만이 살길이라고 외치는 전문가들은 그 해법으로 집을 많이 공급해야 한다고 주장한다. 공급 부족으로 집값이 폭등한다는 것이다. 그러나 거짓 선지자들의 주장은 세계 인플레이션으로 인한 금리 인상으로 파탄이 났다.

주택 문제는 집만 많이 짓는다고 해결되지 않는다. 2021년을 기준으로 전국 주택 보급률이 102.2%(서울 94.2%, 수도권 99.2%, 국토교통부 통계누리)를 넘겼음에도 주거 문제의 해결은 아직 요원하다. 이는 무작정 새집을 많이 짓는다고 주택난이 해결되지 않음을 증명하는 것이다. 그렇다고 새집을 짓지 말자는 것은 아니다. 집도 늙기 때문에 새집을 짓는 것은 여전히 필요하다. 하지만 도시 외곽에 새집을 건설하면 비용도 증가할뿐더러 도시의 쇠퇴까지 불러온다.

그래서 도시 외곽보다 직장 가까운 곳에 합리적인 가격의 주택을 많이 확보하는 것이 중요하다. 특히 도심의 노후주택을 방치한 채 무작정 외곽에 새집을 많이 짓는 시대는 끝내야 한다. 빈집이 늘어나고 있으며, 도심공동화도 심각한 상황이기 때문이다. 저출산, 고령화 시대에는 다시 도심(역세권)으로 인구가 회귀하게 해야 한다.

무엇보다 지난 50년간의 주거정책을 근본적으로 전환해야 한다. 그렇게 해서 늙어가는 도시도 살리고, 경제적으로 감당할 수 있는 주택도 확보해야 한다. 이제 사고의 전환이 필요하다. 더 이상 주택을 놓고 세대 간 전쟁을 벌일 것이 아니라, 부모 세대와 자식 세대의 이해와 화합이 필요하다.

아파트 세대와 아파트 키즈 모두가 하우스 푸어(House Poor)이다. '하우스 푸어'는 '집을 보유한 가난한 사람'을 일컫는다. 이들은 주택 가격이 오를 때 저금리를 이용해 과도한 대출로 집을 마련했으나 금리 인상과 주택 가격 하락으로 인해 큰 손해를 보고 있는 사람들로, 외형상 중산층이지만 원리금 상환 부담으로 구매력이 상당히 떨어져 있는 상태다.

고도성장과 대규모 개발이면 다 되던 시대는 이제 철 지난 달력이 되었다. 2008년 금융위기 이후 저성장은 지속될 것이고, 인구 증가율은 둔화하며, 1~2인 가구는 계속 늘어날 전망이다. 따라서 이제 지역과 수요자에 따른 맞춤형 주거정책은 선택이 아니라 필수가 되었다.

그렇다면 지금부터는 왜 한국은 586세대와 MZ세대가 세대 간 아파트 전쟁을 벌이는 나라가 되었는지, 역대 정부의 주거정책 흐름을 되짚어 그 이유를 알아보도록 하자.

일관성 없는 역대 정부의 주거정책

박정희 정부(1963~1979)

대한민국이 건국 이래 주거정책의 제도적 기반을 정비한 것은 한국전쟁의 상처를 딛고 추진한 경제개발 5개년 계획이 그 출발점이었다. 그리고 해당 기간에 수립한 주택건설계획, 해마다 수립하는 주택건설종합계획, 1972년부터 시작된 국토종합개발계획의 일환으로 추진된 주택건설계획 등을 통해 정부 계획과 법에 근거한 주택 공급 계획이 발표되었다.

여기에 정치적 상황을 돌파하기 위해 수립한 주택 공급 계획도 있었다. 박정희 정부가 유신체제의 위기를 돌파하기 위해 내놓은 250만 호

〈박정희 정부의 주거정책 연표〉

연도	월	주요 내용
1963년	6월	• 경제기획원 산하 국토건설청을 건설부로 승격
1963년	11월	• 공영주택법 제정
1967년	3월	• 한국주택금고법 제정 - 서민주택 건설 및 구입에 필요한 자금 조성과 공급
	11월	• 부동산 투기 억제에 관한 특별조치법 제정
1972년	10월	• 250만 호 주택건설 10개년 계획 발표
	12월	• 주택건설촉진법 제정
1977년	12월	• 주택개발업체 등록제도 도입
1978년	8월	• 부동산 투기 억제 조치 발표(8.8 조치)
1979년	4월	• 국토이용관리법 시행령 개정 - 토지거래허가제 및 신고제 시행

주택건설 10개년 계획과 군사 쿠데타로 집권한 뒤 정권의 정당성을 획득하고자 내놓은 전두환 정부의 500만 호 주택 공급 계획이 바로 그것이었다.

250만 호 주택 공급 계획의 배경은 1970년대 초반에 찾아온 박정희 정부의 위기였다. 당시는 1960년대 말의 고도성장이 하강기를 맞이하고 있었다. 무역 적자도 늘어나고, 외채도 증가하였다. 엎친 데 덮친 격으로 1960년대 말 남북 관계는 한국전쟁 이후 최악의 상황으로 치닫고 있었고, 반면 1969년 7월 미국의 닉슨 대통령이 닉슨 독트린[8]을 선언하여 미국과 중국 간에는 화해 분위기가 형성되고 있었다.

게다가 국내 정치 상황도 심상치 않았다. 1961년 5월 쿠데타로 집권한 박정희 정부는 집권 기간 내내 학생들과 민주화 인사들이 주도한 시위에 시달렸다. 특히 1970년 11월 전태일 열사의 분신과 1971년 광주대단지사건[9]은 박정희 정부에게 위기감을 주었다. 뒤이은 1971년 대통령 선거에서 박정희 후보가 김대중 후보를 근소한 차이로 이기자, 집권 세력의 위기감은 더욱 커졌다. 그 결과 이듬해 10월 박정희 정부는 장기 독재체제인 유신체제를 출범시킨다.

250만 호 주택건설 10개년 계획은 바로 그 유신이 선포된 직후에 열린 〈비상국무회의〉에서 발표된 것이었다. 이 계획에 따르면 1972년부터 1976년까지 100만 호, 1977년부터 1981년까지 150만 호가 건설 및 공급될 예정이었다. 이는 도시빈민의 불만과 저항이 주택 문제와 직결되어 있음을 알고 있던 박정희 정부의 도시빈민 유화책이었다.

한편 박정희 정부는 여의도 개발을 통한 주택 공급도 추진했다. 1967년 한강종합개발사업 추진을 통해 공유수면 매립 방식으로 동부이촌동, 반포·잠실·압구정 지구, 흑석·서빙고·구의동 등 한강 주변에 다량의 택지를 조성하였다. 여의도 택지가 조성된 시기도 이때였다. 이렇게 한강 주변에 조성한 택지에 아파트를 건설하여 1970~1980년대 서울 인구의 상당수를 수용하였다.

전두환 정부(1980~1987)

1980년 광주 시민의 저항을 폭력적으로 분쇄한 전두환 신군부의 〈국가보위비상대책위원회 입법회〉는 그해 8월 집권의 정당성 확보 차원에서 주택 공급 정책을 내놓는다. 이 정책은 도시의 주택 부족 문제를 해소하기 위한 목적으로 1991년까지 500만 호의 공공주택 건설 및 택지개발계획을 담아 77%이던 주택 보급률을 90%로까지 끌어올리는 것을 목표로 하였다.

당시는 베이비붐 세대의 대도시 집중으로 인해 심각한 주택난이 야기되는 상황이었다. 특히 서울의 주택난은 더욱 심각했다. 이를 해소하는 동시에 침체한 경제에 활력을 불어넣는 경제 활성화 차원에서 전두환 정부는 500만 호 주택 공급 계획을 의욕적으로 밀어붙였다. 이를 뒷받침하기 위해 토지구획정리사업보다 토지의 강제 수용을 더욱 쉽게 할 수 있는 무소불위의 토지수용법인 『택지개발촉진법』[10]까지 도입하기에 이르렀다. 그리고 이 법에 근거해 개포동, 고덕동, 목동, 상계동 개발을 밀어붙였고, 재임 기간에 176만 호의 공급을 이루어 냈다.

그러나 500만 호 주택 공급 계획은 당시의 경제 체력으로는 실현 가능성이 낮은 장밋빛 구상이었다. 몇 차례 계획 수정을 거듭한 끝에 결국 달성하지 못한 공염불이 되고야 만 것이다. 대신 그 과정에서 도시 빈민만 엄청난 희생을 치러야 했다.

〈전두환 정부의 주거정책 연표〉

연도	월	주요 내용
1980년	8월	• 500만 호 주택 공급 계획 발표
1981년	5월	• 주택 경기 활성화 조치 - 양도세율 인하, 전매 기간 단축
1982년	12월	• 주택 투기 억제 대책 발표 - 분양가상한제, 전매 제한, 토지거래신고제 등 도입
1983년	4월	• 토지 및 주택개발 종합계획 발표
1986년	2월	• 주택건설 활성화 조치 발표
1987년	2월	• 부동산 투기 억제 조치 발표

또한 전두환 정부의 주거정책은 일관성이 없었다. 1981년 부동산 경기가 가라앉자 양도세 인하와 국민주택 전매 기간 단축 같은 주택시장 활성화 정책을 내놓더니, 1982년엔 반대로 주택 시장이 과열되자 분양가상한제, 전매 제한, 토지거래신고제 등 규제책을 꺼내들었다. 온탕과 냉탕을 오가는 주거정책을 들이민 것이다.

그러다가 1986년 아시안게임과 1988년 서울올림픽 이후 경제 성장과 소득 증가로 주택 수요가 폭발했다. 정부의 주택 시장 관리 실패라고 할 수 있는 이러한 주택 수요의 폭발은 뒤이은 노태우 정부의 토지공개념 3법 도입 등 급진적인 정책 도입의 배경이 되었다.

노태우 정부(1988~1992)

노태우 정부의 주거정책은 200만 호 주택 공급 정책, 1기 신도시, 토지공개념 3법으로 요약된다. 건국 이래 가장 강력한 부동산 규제책인 토지공개념 3법, 1기 신도시 지정과 더불어 공세적으로 추진한 200만 호 주택 공급의 도입 배경은 다음과 같다.

1986년 아시안게임과 1988년 서울올림픽을 치러낸 한국은 1989년 초부터 서울을 중심으로 주택 가격이 폭등하기 시작한다. 그 배경으로는 우선 1985년부터 시작한 3저 호황으로 인한 소득 증가와 풍부한 유동성 자금의 자산 시장 유입을 꼽을 수 있다. 당시는 저유가, 저금리, 저달러를 바탕으로 한국 경제의 성장률이 3년 연속 11% 이상(1986년 11.2%, 1987년 12.5%, 1988년 11.9%)을 기록하던 시기였다. 그리고 베이비붐 세대들의 본격적인 이촌향도[11]로 특히 서울의 주택 수요가 폭발적으로 증가한 걸 들 수 있다. 양질의 주택이 얼마나 부족했냐면, 1980년대 중반 서울시 전체 인구의 13%가 판자촌에 거주할 정도였다.

1988년과 1989년의 가격 상승은 지배층 내에 위기의식을 불러일으켰다. 당시 대통령 비서실 경제수석비서관은 "지난 30년의 경제 성장 기간 깊어진 불공정한 경제 관행의 만연은 우리가 통상적으로 알고 있는 것보다 심각하다. 부유층과 빈곤층 간, 지역 간, 계층 간, 도시와 농촌 간의 확대되고 있는 부의 격차 문제가 시정되지 않으면 과거 우리가

경험했던 어떤 상황보다 더 심각한 상황을 맞이할 수 있다"라고 우려했다.[12]

노태우 정부의 200만 호 주택 건설 계획은 1992년 임기 마감까지 주거 약자 대상 영구임대주택 25만 가구를 포함해 수도권에 90만 호, 중소 도시에 110만 호 해서 총 200만 호를 짓겠다는 정책이었다. 이 계획은 분당·일산·평촌·산본·중동 신도시(1기 신도시) 조성을 통한 대규모 택지 공급으로 소기의 성과를 거뒀다. 1991년 말 기준으로 214만 호를 착공하면서 조기에 목표를 달성한 것이다.

이 시기는 건국 이래로 40년간 건설된 총 800만 호의 주택 가운데 25%가 착공된 시기였다. 물론 그 과정에서 바닷모래 파동 등 주택 자재난, 건설 경기 과열, 미분양 주택 양산 등의 부작용도 생겨났다.

노태우 정부는 200만 호 주택 공급 계획과 더불어 『택지소유상한에 관한 법률』, 『개발이익환수에 관한 법률』, 『토지초과이득세법』을 일컫는 이른바 토지공개념 3법을 제정하여 부동산 투기 근절 대책을 시행했다. 토지는 사유재인 동시에 공공적인 특성을 가진다. 따라서 공익을 우선하여 토지 소유를 제한 및 적정화하고, 토지 거래를 규제하는 한편 개발 이익을 환수하며, 기업의 토지 과다 보유를 규제하여 토지 이용의 효율성을 높이려는 것이 토지공개념 도입의 취지였다.

그러나 1989년 12월 18일에 공포된 토지공개념 3법 가운데 『토지

〈노태우 정부의 주거정책 연표〉

연도	월	주요 내용
1988년	8월	• 8.10 부동산 투기 억제 정책 발표 - 양도세 중과, 종합토지세 과세, 세무 조사 강화, 200만 호 주택 건설 계획(1기 신도시 건설), 검인계약서 제도 도입
1989년	2월	• 영구임대주택 25만 호 건설 계획 발표 - 200만 호 중 25만 호를 영구임대주택으로 공급
	5월	• 실거래에 따른 공시 지가 제도 도입 - 정착민 민간 아파트 당첨권 전매 금지
1990년	1월	• 토지공개념 3법 도입 - 개발이익환수법, 택지소유상한법, 토지초과이득세법
1991년	8월	• 토지초과이득세 첫 부과

초과이득세법』은 1994년 헌법재판소에서 헌법 불일치 판결을 받았다. 이유는 "과세대상인 자본이득의 범위를 실현된 소득에 국한할 것인가 혹은 미실현 이득을 포함시킬 것인가의 여부는, 과세목적·과세소득의 특성·과세기술상의 문제 등을 고려하여 판단할 입법정책의 문제일 뿐, 헌법상의 조세개념에 저촉되거나 그와 양립할 수 없는 모순이 있는 것으로는 볼 수 없다(92헌바 49 등, 선고 1994-7-29)"는 데 있었다. 반면 "미실현 이득에 대한 과세가 위헌"이라는 주장은 받아들여지지 않았다.

그 대신 1999년에는 『택지소유상한에 관한 법률』이 위헌 결정을 받았다. "소유목적이나 택지의 기능에 따른 예외를 전혀 인정하지 아니한 채 일률적으로 200평으로 소유상한을 제한함으로써, 어떠한 경우에도 어느 누구라도 200평을 초과하는 택지를 취득할 수 없게 한 것은 헌법상의 재산권을 과도하게 침해(94헌바 37등, 선고 1999-5-29)"했다는 이유에서였다.

김영삼 정부(1993~1997)

김영삼 정부는 노태우 정부의 200만 호 주택 공급으로 인한 효과 덕분에 역대 정부 중 주택 시장이 임기 내내 가장 안정세를 유지한 정권이었다. 대량의 주택 공급으로 주택 가격이 상승세가 꺾이고, 내림세로 돌아선 것이다. 여기에 1993년 금융실명제[13]와 토지거래허가제, 부동산 구매 자금 출처 조사, 1995년 부동산실명제[14] 등에 힘입어 주택 시장이 가장 안정을 이룬 시기였다.

정부는 이렇게 안정된 주택 시장을 기반 삼아 향후 공급 부족으로 주택 가격이 상승할 것을 대비하여 2기 신도시 등 신속하게 주택을 공급할 수 있는 택지를 미리 준비해야 했다. 그러나 국토의 23%에 달하는 면적을 '준농림지역'으로 지정하는 정책을 택함으로써 정책적 패착을 두게 된다. 준농림지역은 도시계획 절차를 거치면 준도시지역으로 변경할 수 있었고, 이는 농촌 지역에 고층 아파트를 건설할 수 있는 길

〈김영삼 정부의 주거정책 연표〉

연도	월	주요 내용
1993년	8월	• 금융실명제 실시 - 토지거래허가제, 부동산 구입 자금 출처 조사
1994년	11월	• 주택 임대사업자 제도 도입
1995년	6월	• 주택 시장 안정화 대책 발표 - 미분양주택 할부 금융 제도 실시, 양도세율 감면
	7월	• 부동산실명제 실시

을 열어 준 것이었다. 지금도 농촌 지역으로 차를 타고 이동하다 보면, 농지 등의 주변에 도시계획과 무관해 보이는 '나홀로 아파트'들을 어렵지 않게 찾아볼 수 있을 것이다. 이 나홀로 아파트들이 바로 준농림지역을 준도시지역으로 변경해 건설된 기형적인 개발의 결과물들이다.

김영삼 정부의 주거정책에서 또 하나의 패착은 노태우 정부가 공급을 시작한 공공임대주택의 중단이었다. 당시 정부는 공공임대주택의 공급을 중단하고, 5년 임대 후 분양 전환이 가능한 반쪽짜리 임대주택으로 그 빈자리를 메웠다. 그리고 이 사업에 참여한 건설사들은 이후 노무현 정부에서 대규모 임대주택 부도 사태를 양산하는 부작용의 씨앗이 되었다.

김대중 정부(1998~2002)

김대중 정부는 집권하자마자 IMF 위기 극복이라는 절체절명의 과제를 짊어진 정부였다. IMF 위기의 상징이 된 수천 명의 노숙인이 서울역 지하도 등에서 힘겹게 숙식을 해결했고, 하루에도 몇천 명씩 실직자들이 발생하는 한국전쟁 이후 최대의 경제 위기 상황이었다.

IMF 위기의 충격으로 주택 가격은 급락을 피할 수 없었다. 1998년 아파트 가격은 전국적으로 13.36% 하락했고, 서울은 14.6%나 폭락했다. 전 국민이 자발적으로 참여한 '금 모으기 운동' 같은 경제 살리기는 이제 국가의 명운이 걸린 총력전이 되어 갔다. 이런 상황에서 김대중 정부의 주거정책도 경제 불황 극복과 대량 실직 사태를 해결하기 위한 경기 활성화 차원에서 펼쳐졌다.

그래서 추진된 김대중 정부의 신자유주의적 경제 회복은 이번에는 도리어 주택 가격의 폭등을 불러왔다. 한일 월드컵이 열리던 2002년에 주택 시장이 다시 과열되기 시작한 것이다. 경기 활성화 차원에서 추진한 부동산 규제 완화 정책은 신자유주의적 경제 회복과 맞물려 폭락한 주택 시장으로 유동 자금이 몰리는 도화선이 되었다. 특히나 신규 분양주택의 분양가 자율화는 강남발 재건축 아파트 분양가 폭등으로 이어지게 된다. 한국 주택 시장은 강남 재건축 아파트를 중심으로 가격 상승의 불꽃이 점화되는 특징을 지녔다.

〈김대중 정부의 주거정책 연표〉

연도	월	주요 내용
1998년	5월	• 주택 경기 활성화 대책 발표 - 양도소득세 한시적 폐지, 취등록세 한시적 감면, 토지거래 허가제 폐지
	12월	• 건설 및 부동산 경기 활성화 방안 발표 - 양도소득세 한시적 감면 범위 확대, 중형 주택 중도금 추가 대출 확대, 분양가 자율화
1999년	3월	• 주택 건설 확대 계획 발표 - 주택 10만 호 추가 건설을 위한 금융 지원
	5월	• 서민 주거 안정 대책 발표 - 중소형 주택 공급 확대, 근로자 주택 건설 및 전세 자금 지원 조건 완화와 규모 확대
	8월	• 중산층 및 서민층 주거 안정 대책 발표 - 중소형 주택 건설 확대, 민간 매입 임대 사업 활성화, 도시 영세민 전세 자금 지원 금리 인하, 달동네 주거환경 개선
2000년	1월	• 주택 시장 안정 대책 발표 - 국민주택기금 주택 구입 자금 지원 대상 확대, 분양 중도금 대출 한도 인상, 대출 금리 인하, 청약제 개선
	8월	• 건설 산업 활성화 대책 발표 - 개발제한구역 해제 지역 내 미분양 택지를 임대주택용으로 장기 임대, 국민 주택 채권 매입 부담 감면, 취등록세 감면
2001년	3월	• 서민 주거 안정을 위한 전월세 종합 대책 발표
2002년	1월	• 주택 시장 안정 대책 - 기준 시가 상향 조정, 분양권 전매에 대한 세무 조사 실시
	9월	• 주택 시장 안정 대책 - 서울, 5대 신도시, 과천 신축 주택 양도세 비과세 대상 제외
	10월	• 부동산 시장 안정 대책 - 부동산 투기 혐의자 국세청 통보 및 세무 조사

김대중 정부의 경제살리기 3대 주거정책*

1. 투기 억제를 위한 규제 완화 및 폐지 : 1998년 초부터 2000년 말까지 건설산업 규제 완화, 토지거래 신고 및 허가제 등 토지공개념 제도 완화, 양도소득세 면제, 분양가 전면 자율화, 분양권 전매 한시적 허용, 그린벨트 해제 등

2. 부동산 시장 개방 : 1998년 6월 『외국인투자촉진법』을 개정하여 외국인의 국내 토지 취득 전면 허용

3. 부동산의 증권화와 유동화 추진 등 부동산 금융화 추진 : 『자산유동화법』 제정(1998. 9.), 『주택저당채권유동화회사법』 제정(1999.1.), 『부동산투자회사법』 제정(2001. 7.)

* 이 중 부동산 금융화 정책은 금융정책이 주거정책의 주요 수단이 되는 길을 열어 주었다.

2002년을 통틀어 서울 지역 아파트 가격은 전년 대비 30.79%까지 폭등했다. 이에 정부는 기준 시가 상향 조정, 분양권 전매에 대한 세무 조사 실시(2002년 1월), 서울·5대 신도시·과천의 신축 주택에 대한 양도세 비과세 대상 제외 등 과세 강화(2002년 9월), 부동산 투기 혐의자 국세청 통보 및 세무 조사(2002년 10월)와 같은 조치를 통해 주택 시장의 규제를 강화하였다.

노무현 정부(2003~2007)

노무현 정부는 임기 내내 폭등하는 집값을 잡기 위해 고군분투했

다. 김대중 정부 후반기에 외환 위기를 조기에 극복한 한국 경제는 점차 활력을 띠어갔지만, 경제 활성화를 위해 푼 부동산 규제의 부작용은 컸다. 주택 가격은 이미 2001년에 전년 대비 14.55%, 2002년에는 22.78%나 급등하였다.

이런 상황에서 집권한 노무현 정부는 정권의 운명을 걸고 주택 가격 안정에 총력을 기울이게 된다. 부동산 규제 강화 정책은 물론 2기 신도시 지정 및 개발 등 공급 정책도 쏟아냈다. 노무현 정부는 서울을 꼭짓점으로 한 수도권 집중을 집값 상승의 근본적인 원인으로 인식하였다. 이에 수도 이전, 혁신도시 건설 및 공공기관 이전이라는 균형 발전 정책을 추진한다. 이를 통해 수도권 인구 집중 완화와 균형 발전을 이루겠다는 의지를 보인 것이다.

노무현 정부는 출범 초부터 서민 주거 안정을 위한 주거복지의 중요성을 강조했다. 이에 ▲최저주거기준의 설정 및 공고 ▲주거복지지표의 개발 ▲국민임대주택 100만 호 공급 ▲노후 불량 주거지 주거 여건 개선 등이 담긴 '서민 주거 안정을 위한 주거복지 정책 추진 지원'을 100대 국정 과제 중의 하나로 확정했다. 그리고 이를 실현하기 위해 2003년 5월 주거복지로드맵을 발표한다.

주거복지로드맵은 ▲소득 1분위는 임대료 지불 능력 취약 계층 ▲소득 2~4분위는 자가주택 구입 능력 취약 계층으로 구분하였다. 이에

〈노무현 정부의 주거정책 연표〉

연도	월	주요 내용
2003년	5	• 주거복지로드맵 발표
2003년	10	• 10.29 대책 - 종합부동산세 시행 시기 단축(2006년 → 2005년) - 1가구 3주택 이상 양도세 60% 인상 - 20가구 이상 주상 복합 주택 분양권 전매 금지 - 재건축 아파트 개발이익환수 방안 검토(중장기 방안)
2005년	8	• 8.31 대책 - 실거래 가격 신고 의무화 - 양도소득세 실거래가 과세 및 1가구 2주택 중과(50%) - 송파, 김포, 양주 신도시 개발
2006년	11	• 11.15 대책 - LTV, DTI 등 주택 담보 대출 관리 강화 - 장기 임대주택 비축 및 공급 확대 - 서민 주택 금융 지원 강화
2007년	1	• 1.11 대책 - 분양가상한제 및 원가 공개 확대 - 다주택 보유자에 대한 주택 담보 대출 규제 강화 - 주택 담보 대출의 이상 징후 발견 시 LTV, DTI 추가 강화 조치

소득 1분위에게는 임대료가 저렴한 소형 국민임대주택 및 다가구 매입 임대주택의 공급 및 주거급여 확대 지원 등을, 소득 2~4분위는 국민 임대주택 집중 공급 및 전·월세 자금 지원의 확대 공급 방안 등을 담았다.

그러나 노무현 정부의 이러한 노력에도 불구하고 집값 폭등은 멈추지 않았다. 주택 시장 상황이 이러다 보니, 주거정책에 대한 국민의 체감도는 낙제점이었다. 문재인 정부 이전까지 집값을 가장 많이 상승시킨 정부로 노무현 정부가 국민의 기억 속에 남게 된 것도 그 때문이었다.

노무현 정부 당시 국내 가계의 소득 수준은 빠르게 높아졌고, 소비자 물가 상승률은 안정세를 보였다. 이는 가계의 실질 소득이 늘어났음을 의미한다. 소득이 늘어나면 고가의 상품인 주택 구매에 참여하는 이들이 증가한다. 당시 부동산 시장은 2004년을 제외하고는 매년 대책을 발표한 초기에는 가격 상승세가 꺾이는 듯했으나, 일정 기간 이후 다시 상승하는 패턴이 반복되었다.

이는 가구의 소득 증가, 물가 상승률 안정화, 가구 분화, 양질의 주택(아파트)에 대한 수요 증가 등의 주택 가격 상승 요인에 대한 노무현 정부의 예측 실패에서 비롯되었다. 물론 김영삼 정부와 김대중 정부가 주택 가격 폭등을 대비하여 신속하게 공급할 수 있는 택지를 미리 준비하지 못한 탓도 크다.

하지만 노무현 정부는 가격이 오를 때는 규제 강화, 가격이 내릴 때는 규제 완화 정책만 반복했다. 수요와 공급, 그리고 서민 주거 안정을 위한 일관성 있는 중장기 정책을 끈질기게 추진하지 못했다. 이 시기 주거정책의 패인은 일관성 있는 정책이 준비되지 못해 정부의 정책이 시장에 대한 통제력을 가질 수가 없었다는 데 있었다. 여기에 노무현 정부의 주거정책에 반하는 이명박 서울시장의 뉴타운 사업 추진은 도심 내 주택 가격의 폭등을 불러왔고, 이후 본인의 대통령 임기 중 전국적인 뉴타운 광풍에 이어 뉴타운 반대의 후폭풍으로 심각한 후유증을 낳았다.

이명박 정부(2008~2012)

노무현 정부 시절 치솟기만 하던 집값은 2008년 미국발 서브프라임 모기지 사태(Subprime Mortgage Crisis)로 촉발된 세계 금융 위기의 직격탄을 맞아 폭락하기 시작했다. 집값의 폭락으로 큰 금액의 대출을 끼고 주택을 매입한 구매자들이 하우스 푸어로 전락하게 된다. 집값은 세계 금융 위기의 영향에도 2008년~2009년에는 서울의 아파트를 중심으로 가격 하락을 버티다가, 2010년부터 본격적인 하락을 시작하여 2013년 저점을 찍게 된다.

이에 이명박 정부는 세계 금융 위기에 대응하여 경기 회복을 위해 부동산 규제를 대부분 완화한다. 우선 세금 감면을 통한 거래 활성화를 꾀하며 ▲취등록세 감면 ▲양도세 완화 ▲종부세 세율 인하 등의 조치를 한다. 그리고 도시정비 사업의 활성화를 위해 ▲재개발·재건축 절차 간소화 ▲재건축 소형 의무 폐지 ▲안전진단 절차 단축 ▲용적률 상향 ▲임대주택 의무 건설 및 공급 폐지 등의 규제 완화책을 내놓는다. 또한 구매자의 시장 진입 규제를 완화하는데, ▲LTV 완화 ▲장기

〈이명박 정부의 주거정책 연표〉

연도	월	주요 내용
2008년	6	• 지방 미분양 대책 발표 - LTV 70% 상향, 양도세 한시 면제, 취등록세 50% 감면
	8	• 주택공급 기반 강화 및 건설 경기 보완 방안 - 재건축 규제 합리화, 수도권 전매 기간 완화, 양도세 중과 배제 대상 확대, 미분양 아파트 공공매입
	9	• 보금자리 주택 150만 호 건설 계획 발표
	11	• 강남 3구를 제외한 투기과열/투기 지역 해제
2009년	8	• 보금자리주택 공급 확대 - 수도권 그린벨트 해제(32만 호 공급), 생애최초주택 청약제
2010년	8	• 무주택자 대출 규제 한시적 완화, 생애최초주택 구입 자금 지원 제도 재도입
2012년	5	• 강남 3구 투기 지역 해제, 분양권 전매 제한 완화, 보금자리론 지원 대상 및 한도 확대
	9	• 주택 경기 활성화를 위한 부동산 대책 - 미분양 주택 구입 시 5년간 양도소득세 및 취득세 감면

보유 특별 공제 ▲분양가상한제 완화 및 폐지 ▲수도권 전매 제한 기간 단축 등으로 미분양을 해소함으로써 경기 활성화를 도모했다.

그러나 IMF 외환위기 이후 세계 금융 시장에 편입된 한국의 주택 시장은 박근혜 정부 첫해인 2013년까지 계속 하락세를 이어갔다. 금융 시장의 자산 상품이 된 주택은 더 이상 한국 정부의 정책만으로는 안정시킬 수 없는 시장(market)이 된 것이다.

오히려 이 무렵 뉴타운 사업의 부작용이 심화하기 시작했다. 뉴타운 사업은 이명박 대통령이 서울시장 재임 시절 은평 뉴타운 지정을 필두로 야심 차게 시작한 서울시 대개조 사업이었다. 한때 황금알을 낳는 거위로 인식되던 뉴타운 사업은 집값 폭등과 젠트리피케이션 같은 부작용을 이미 발생시키고 있었다. 그러던 중에 2008년 미국발 세계 금융 위기가 터지고, 이듬해에는 용산 참사까지 일어났다.

그러자 주택 가격의 하락으로 사업성이 떨어진 뉴타운 지역 주민들은 자신들의 전 재산과 다름없는 집을 지키기 위해 뉴타운 사업 반대 운동을 전국적으로 조직하고 저항에 나섰다. 이러한 반대 물결은 서울시장 재·보궐 선거에 당선된 박원순 시장이 2012년 1월 30일 '서울시 뉴타운·정비사업 新정책구상'이라는 출구전략을 내놓고 난 뒤에야 비로소 잦아들었다.

박근혜 정부(2013~2016)

2013년은 세계 금융 위기의 영향으로 주택 시장이 침체해 있었다. 이는 여러 부문에 영향을 미쳤다. 주택 거래 부진으로 인한 미분양 주택 증가와 공기업의 재무 구조 악화, 그리고 주택 가격의 하락이 계속 이어질 수 있는 상황이었다.

그해 출범한 박근혜 정부는 경기 회복에 방점을 둔 이명박 정부의

〈박근혜 정부의 주거정책 연표〉

연도	월	주요 내용
2013년	4	• 서민 주거 안정을 위한 주택 시장 종합대책 발표 - 공공 분양주택 물량 축소(연 7만 호→2만 호)
	8	• 서민·중산층 주거 안정을 위한 전월세 대책 - 주택 취득세 인하, 전세 보증금 한도 70%까지 대출
2014년	2	• 서민·중산층 주거 안정을 위한 임대차 시장 선진화 방안 발표
	7	• 분양가상한제 탄력 운용, 재건축 초과이익환수제 폐지 등
	12	• 부동산 3법 입법 - 분양가상한제 완화(주택법), 재건축 부담금 부과 유예 - 재건축 조합원 분양주택 수 1주택→3주택 허용
2015년	4	• 서민 주거비 부담 완화 방안 마련 - 임차 보증금 반환 보증료 인하, 전월세 대출 금리 인하
2016년	8	• 가계부채 관리 방안 - 공공택지 공급 축소, 집단대출 억제 등
	11~12	• 투기 과열 지역의 분양권 전매 금지, 잔금대출 규제 강화

주택 시장 활성화 기조를 이어간다. 박근혜 정부는 ▲재건축 연한 40년에서 30년으로 단축 ▲안전진단 완화 ▲청약 1순위 요건 완화(가입 2년에서 1년으로) ▲85㎡ 이하 민영 주택 가점제 폐지 등의 규제 완화 정책을 내놓았다. 그리고 같은 해 행복주택이라는 새로운 유형의 공공임대주택 정책도 꺼내 들었다. 기존의 공공임대주택은 나이와 세대에 대한

고려 없이 소득과 자산을 중심으로 입주자를 선정했다. 하지만 행복주택은 청년과 신혼부부들에게 공급한다는 점에서 기존 공공임대주택과 차이가 있었다. 행복주택은 도입 초기 님비 현상[15] 등으로 어려움을 겪었지만, 2014년부터 자리를 잡아간다.

세계 금융 위기는 저금리와 양적 완화라는 상황을 만들었다. 미국의 연방준비제도(Fed)를 비롯한 각국의 중앙은행은 경제를 살리기 위해 금리를 낮추고, 시장에 돈을 뿌렸다. 당시 한국은 저금리 시대를 맞아 전세에서 월세로 주택 시장이 변하고 있었다. 집값이 더 오르지 않을 거라는 인식이 국민 사이에 퍼지자, 임대인들이 임대 이익을 얻기 위해 전세를 월세로 전환하는 추세가 강화되기 시작했다. 임차인들은 목돈 마련도 가능하고 매월 지출되는 주거비 부담이 적은 전세를 선호했지만, 임대인들은 저금리 상황에서 자산의 운용 수익을 높이기 위해 월세를 선호했다.

이렇게 전세에서 월세로 주택 시장이 변화하자, 박근혜 정부는 전월세 지원 대책과 민간임대주택 활성화 대책을 마련한다. 그리고 대책의 하나로 도입한 것이 '뉴스테이'였다. 그러나 박근혜 정부는 주택 임대 시장을 안정화하는 데 소극적이었다. 뉴스테이처럼 소극적인 공급 중심의 정책만 추진하는 바람에 정책의 실효성도 떨어졌다. 당시는 상대적으로 주택 가격이 안정된 시기였다. 따라서 임대차 3법 도입 등 주택

임대 시장 안정화 정책을 추진하기에 좋았던 정책적 타이밍이었음에도 그렇게 하지 않은 것이다.

문재인 정부(2017~2021)

2016년 봄, 집값이 오르기 시작했다. 양적 완화로 시장에 풀린 유동성 자금들이 자산 시장인 '주식과 주택 시장'으로 몰리기 시작한 것이다. 오르던 주택 가격은 10월에 고점을 찍고, 박근혜 전 대통령의 탄핵 정국을 맞이한 11월부터야 비로소 하락한다.

그 뒤 2017년 5월 문재인 정부가 출범한 직후 아파트 가격은 다시 상승세로 돌아섰다. 이에 정부는 6월 19일 '주택 시장의 안정적 관리를 위한 선별적·맞춤형 대응 방안'을 발표하고, 곧이어 8·2 대책과 9월 5일 8·2 대책 후속 조치, 10월 24일 가계부채 종합대책을 내놓는 등 주택 가격의 안정화를 이루겠다는 정권의 강한 의지를 보여주었다. 그러나 저금리와 양적 완화로 인한 주택 가격 폭등이라는 비극의 씨앗을 제거할 수는 없었다.

실제로 2018년 8월 서울의 아파트 가격은 큰 폭으로 올랐다. 우선 결혼 적령기를 맞은 베이비붐 세대의 20~30대 자녀들이 주택을 구매하기 시작했다. 또한 주택 임대사업자들도 적극적으로 주택 매입에 나섰다. 2017년 12월 임대주택 등록 활성화 대책으로 임대업자의 지방

〈문재인 정부의 주거정책 연표〉

연도	월	주요 내용
2017	6	• 주택 시장의 안정적 관리를 위한 선별적·맞춤형 대응 방안 발표 - LTV, DTI 강화, 조정대상지역 확대
	8	• 8.2 대책 발표 - 다주택 양도세 강화(2주택 20%p, 3주택 20%p 추가) - 투기지역, 투기과열지구 LTV, DTI 추가 강화 - 재건축 초과이익환수제 부활, 조정대상지역 등 확대
	10	• 가계부채 종합 대책 발표 - DSR 단계적 도입, 신DTI 도입(미래 소득 반영)
	11	• 주거복지 로드맵 발표 - 공공임대주택 확대
	12	• 임대주택 등록 활성화 방안 발표 - 8년 이상 임대 시 양도세, 종부세 중과 배제
2018	9	• 9.13 대책 발표 - 다주택자 대출 전면 금지, 종부세 인상 - 수도권 주택 공급 확대, 임대주택 등록 활성화 방안 중단
	9	• 수도권 주택 공급 확대 방안 발표(9.21) - 3기 신도시 계획 발표
	12	• 2차 수도권 주택 공급 및 수도권 광역교통망 개선 방안 발표 - 3기 신도시 해당 지역 발표(왕숙, 계양, 교산 등)
2019	1	• 등록임대주택 관리 강화 방안 발표 - 기존 임대사업자 혜택 축소
	5	• 3차 신규 택지 추진 계획 발표 - 3기 신도시 추가 지역 발표(창릉, 대장 등)
	8	• 민간택지 분양가상한제 적용 기준 개선 추진 - 재건축 분양가상한제 적용

2019	12	• 12.16 대책 발표 - 종부세, 양도세 강화, LTV 추가 강화(9억 원 초과 20%p) - 15억 원 이상 주택 대출 금지, 9억 원 이상 DSR 적용
2020	6	• 6.17 대책 발표 - 법인 보유 주택 종부세율 인상, - 전세자금 대출 억제 및 보증 한도 축소
2020	7	• 주택 시장 안정 보완 대책 발표(7.10) - 다주택자 종부세, 양도세 추가 강화 - 다주택자 취득세 12%로 인상
		• 임대차 3법 국회 통과(7.30) - 계약갱신청구권, 전월세상한제 즉시 시행 - 전월세신고제 2021.6.1. 시행
	8	• 서울권역 등 수도권 주택 공급 확대 방안 발표 - 13. 2만 호 추가 공급(주요 공공용지 활용)
2021	2	• 2.4 대책 발표 - 수도권 61.6만 호, 지방 22만 호 공급 계획 - 공공주도 도시정비 사업 시행

세·양도세·종합소득세 등에 대해 세제 감면 혜택을 준 여파였다.

주택 가격의 상승을 예측하지 못한 문재인 정부 주택 정책의 최대 실책이 바로 임대주택 등록 활성화 대책이었다. 그 결과 8월과 9월 서울의 아파트 매매 가격은 매주 1%에 육박할 정도로 높은 상승세를 이어갔다. 더구나 2020년부터 시작된 코로나19 팬데믹으로 저금리와 양적 완화 기조가 계속 이어지고, 풍부해진 시장의 유동성 자금은 주택 시장으로 빠르게 유입된다. 이때 영끌족, 벼락거지 등의 유행어가 나올 정도로 주택 가격이 폭등하고 있는 상황에서 정부는 임대차 3법[16]을 도입한다.

2020년 8월에 도입된 임대차 3법은 전셋값의 상승을 부채질했다. 임차인의 주거 안정을 목적으로 입법되었지만, 집값 폭등기에 도입된 것이 문제였다. 정책적 타이밍의 실기였다. 부동산정보업체 〈부동산 R114〉에 따르면 임대차 3법 시행 전 3년 2개월 동안 10.5% 상승했던 전셋값은 법 시행 후 1년 7개월 동안 27.3%나 뛰어올랐다.

당시 야당과 언론은 주택 가격 폭등의 원인으로 공급 부족론을 줄기차게 주장했다. 하지만 이는 올바른 진단이 아니었다. 야당은 문재인 정부의 정책 실패를 부각하기 위해 사실을 호도한 것이고, 언론도 다를 바가 없었다. 공급 부족이 주택 가격 폭등의 원인이라는 주장은 공급량이 문재인 정부와 다를 바 없는 2022년 5월(윤석열 정부 집권) 이후 집값의 폭락을 설명하지 못한다. 문재인 정부 시기 집값 폭등의 주요인은 저금리와 양적 완화로 인한 풍부한 유동성 자금이었다.

문재인 정부는 주택 시장의 안정화를 위해 스물여덟 차례에 걸쳐 크고 작은 주거정책을 발표했다. 2017년부터 주거 공공성 강화를 기조로 정책을 발표했는데, 집값 폭등이 공급 부족 때문이라는 야당 및 언론의 공격과 민심 이반에 따라 임기 후반부였던 2020년 5월부터는 공급 중심의 정책에 무게 중심을 실었다. 그러나 주거정책의 빈번한 발표는 오히려 시장과 국민의 신뢰를 상실하는 원인이 되었다. 이미 세계 금융 시장에 포함된 하위 자산 시장인 한국 주택 시장은 정부의 정책으로 가격을 안정화하기에는 역부족이었다. 2023년 윤석열 정부가 집값 하락을 막기 위해 금리 인하 정책을 쓸 수 없었듯이, 문재인 정부 또한 집값의 폭등을 잡기 위해 금리 인상이라는 처방을 할 수가 없었다.

〈주택 시장 가격 변동에 따른 역대 정부의 정책 변화〉

구분	전두환 '80~'87	노태우 '88~'92	김영삼 '93~'97	김대중 '98~'02
시장 변동 대응	규제완화에서 규제강화	강력한 정부개입	시장투명화와 규제완화	외환위기 극복, 규제완화
규제 정책	(초기) 분양주택 가격통제 해제 (후기) 전매기간 연장	토지거래허가제 택지소유상한제 공공 토지 선매권강화	금융실명제 부동산실명제 분양가자율화	토지거래허가제 해제 분양주택 전매제한 폐지 청약재당첨 제한폐지 공공개발택지 전매/명의변경 허용
공급 정책	택지개발촉진법 제정 국민주택 건설 비율 의무화	주택200만 호 건설 1기 신도시 공공임대주택 공급 토지신탁제도 도입	분양가자율화를 통한 민간분양활성화 및 공급확대	분양가자율화 유지 부동산 관련 업종 전면 시장 개방
세제 정책	아파트채권입찰 취등록세 감면 (초기) 양도세 인하 (후기) 양도세 강화	토지공개념3법 증여세 강화 부동산 투기자금 출처조사 강화	과표 현실화율로 상향	토지공개념3법 제도 보완 중단 자산유동화 법률 제정

노무현 '03~'07	이명박 '08~'12	박근혜 '13~'16	문재인 '17~'21	윤석열 '22~
규제강화와 공급 병행	미국발 금융위기, 규제완화	거래활성화를 통한 경기부양, 규제완화와 공급축소	코로나 팬더믹·유동성의 덫, 규제강화와 공급 병행	고금리의 덫, 규제완화와 공급속도 조절
재건축 규제 강화 LTV 기준강화	주택투기 과열지구 해제 재건축 안전진단 횟수 축소	LTV, DTI 완화 재건축연한 완화 공공개발택지 전매/명의변경 허용	투기과열지역 및 조정대상지역 지정 분양가상한제 재건축초과이익 환수 실시	투기과과열지역 및 조정대상지역 해제 LTV 완화 특례보금자리론 출시
토지이용규제 공공택지 조기공급 (김포·파주·양주·옥정) 혁신도시 발표	보금자리주택 '12까지 32만 호 건설 재건축 용적율 법정한도 300%까지 허용	보금자리 공공분양 축소 임대차시장 선진화방안 기업형 임대주택 (뉴스테이) 공급	3기 신도시 공공주택 대도시권 주택공급 확대방안	270만 호 공급계획 재건축 안전진단 규제완화
종부세 도입 양도세 강화 실거래가 기준과세	지방 미분양주택 취등록세 감면 다주택자 양도세 중과 완화	양도세 5년 면제 다주택제 양도세 중과 폐지 취득세율 인하 üDSR 도입	종부세, 양도세 등 다주택자 세금강화 임대주택등록제 실시 및 세제혜택	양도세 중과 면제 종부세 중과 폐지

전세사기, 전책임은 정부의 오락가락 주거정책

보수와 진보 정권의 합작품, 전세사기

금리 인상은 주택 시장에 강한 충격을 주었다. 아파트 가격의 하락폭이 커졌고, 주택 가격이 폭락함에 따라 역전세와 전세사기라는 사회적 재난이 일어났다. 사실 전세사기 문제는 '일부 악한 집주인'이 만들어 낸 도덕적 문제만이 아니라 주택 시장의 문제에서 비롯된 측면이 더 크고, 그렇기에 일정 정도 주거정책의 책임이 있는 문제다.

매물은 쌓여 가는데 매수하려는 사람은 없다. 매도자 우위 시장에서 매수자 우위 시장으로 전환된 것이다. 금리 인상으로 인해 영끌까지 해서 아파트를 장만한 사람들의 이자 부담은 갈수록 커져만 갔다.

주택 가격이 오를 때야 이자가 오르더라도 버틸 수 있지만, 주택 가격 하락기에 이자 부담이 늘어나면 버티기가 힘들다.

보수와 진보 정부를 막론하고 주거정책은 주택 가격에 대응하는 데 초점을 맞췄다. 문재인 정부 후반기에 집값이 오르자, 규제 정책으로 투기 수요를 억제하고 공급 대책을 쏟아내면서 '시장의 안정화'에 주력했다. 반면 이명박과 박근혜 정부는 집값이 내리자, 규제 완화 정책으로 투기 수요까지 시장으로 불러들여 '시장을 살리려' 했다. 이는 노무현 정부 때 도입된 LTV(주택 담보 대출 비율), DTI(총부채 상환 비율)[17]의 역대 정부별 규제 변화를 보면 알 수 있다.

주택 가격이 오르거나 내릴 때 정부가 썼던 정책이 다 틀렸다고 보지는 않는다. 정부가 가용할 수 있는 정책 수단을 동원하여 주택 시장의 변동에 대응할 필요 자체는 인정한다. 문제는 주택 시장의 변동성(가격의 급등락)에 따라 주거정책의 방향을 180도 바꾸다 보니, 시장 참여자들은 더 이상 정부 정책을 믿지 않게 되었다는 것이다. 더구나 단기적인 정책 수단의 동원으로 인해 장기적인 도시 계획 및 주택 공급 계획을 무력화시키는 결과를 낳았다. 우리나라의 주거정책에 대한 국민적 불신은 진보와 보수 정부가 합작해서 만든 결과이다.

〈역대 정부별 LTV, DTI 변화〉

노무현 정부	2002. 09. 04. : 투기과열지구 LTV 60% 이내로 제한 2002. 10. 11. : 전 지역 확대, LTV 60% 이내로 제한 2003. 05. : 투기지역 만기 3년 이하 은행 LTV 상한 50%로 제한 2003. 10. 29. : 투기지역 아파트 LTV 40% 이내로 제한 2005. 06. : 비은행권 주담대 LTV 확대 적용(70%) 2005. 08. 30. : 투기지역 6억 원 초과 아파트 DTI 40% 적용 2006. 03. 30. : 투기지역 6억 원 초과 아파트 DTI 40% 적용(모든 대출자에 적용) 2006. 11. 15. : 수도권으로 6억 원 초과 아파트 DTI 적용 확대 2007. 01. 31. : 투기지역, 투기과열지구 3억 원 초과 또는 전용 85㎡ 초과 아파트 DTI 40% 적용 확대 2007. 02. 15. : 투기지역, 수도권투기과열지구 6억 원 이하 아파트 DTI 40%~60% 적용
이명박 정부	2008. 11. 03. : 강남 3구 이외 지역 투기지역 해제 2009. 07. 06. : 수도권 LTV 60% → 50% 적용(서울 50%, 투기지역 40%) 2009. 09. : 수도권 전역에 대한 DTI 상한 40% 적용 2009. 10. : 비은행권 주담대 DTI 60% 확대 적용 2010. 08. 29. : 강남 3구 제외 전 지역 DTI 규제 은행권(비은행권 포함) 자율화('11. 3.까지) 2011. 03. 22. : 한시적 완화했던 DTI 규제 부활 2012. 05. 10. : 강남 3구 투기지역 해제(LTV 40→50% 확대, DTI 40→50% 확대) 2012. 08. 17. : 30대 무주택 근로자 및 은퇴자 DTI 규제 완화, 순자산도 소득으로 인정
박근혜 정부	2013. 04. 01. : 생애최초 주택구입 자금은 연말까지 LTV 70% 완화 2013. 04. 10. : 생애최초 주택구입 자금은 연말까지 DTI 은행권 자율 적용 2014. 07. 24. : LTV 70%, DTI 60% 일괄 상향

문재인 정부	2017. 06. 19. :	전 지역 LTV 70%, 조정대상지역 LTV 70% → 60%, DTI 60% → 50% 규제 강화
	2017. 08. 02. :	투기지역, 투기과열지구 LTV, DTI 40% 적용 ※ 주담대 보유 세대의 경우 LTV, DTI 30% 적용
	2017. 11. 29. :	규제 지역(투기기역·투기과열지역·조정대상지역)에 대한 新 DTI와 DSR 도입
	2018. 09. 13. :	2주택 이상 보유 세대 주담대 금지(LTV 0%), 1주택 세대의 규제 지역 내 주담대 원칙적 금지(LTV 0%), 규제 지역 내 공시가격 9억 원 초과 주택 구입 시 실거주 목적 제외 주담대 금지(LTV 0%)
	2019. 10. 01. :	투기지역·투기과열지구의 개인사업자·법인의 LTV 규제 강화(신설)
	2019. 12. 10. :	투기지역, 투기과열지구 9억 원 이하 LTV 40%, 9억 원 초과 LTV 20% 적용
	2020. 02. 20. :	조정대상지역 9억 원 이하 LTV 50%, 9억 원 초과 LTV 30% 적용

어포더블 하우징(Affordable Housing)을 늘려야

미국, 영국, 네덜란드, 독일 등 서구의 주요 국가들도 세계 시장 환경의 영향으로 주택 가격의 변동을 경험했다. 특히 코로나19 팬데믹 이후 인플레이션으로 인한 주택 가격의 급등과 주거비 부담의 급증이라는 상황에 직면해 있기도 하다. 이에 새로운 정책 수단을 마련하는 것도 한국과 다르지 않았다. 그러나 주거정책에 대한 이들 국가의 접근 방식은 한국처럼 온탕과 냉탕을 오가는 갈지(之)자의 행보가 아니었다.

한국이 기존에 수립된 장기적 공급 계획을 무력화하면서까지 가격 변동에 따라 공급 대책을 마련한다면, 이들 국가는 공급이 이루어지지 않는 원인을 기존의 계획에서 찾고, 이를 개선하려는 노력을 먼저

한다. 중앙 정부가 공급에 적극 참여하기는 하지만, 이들 국가는 지방 자치단체 주도의 주택 공급을 중앙 정부가 지원하는 방식이다. 특히 한국처럼 중앙 정부가 신도시 중심의 개발지에 대한 개발 계획을 발표하고 추진하는 하향식 주택 공급 정책의 사례는 찾아보기 어렵다.

특히 주목할 만한 정책은 사회주택(Social Housing)과 같이 부담할 수 있는 주택(어포더블 하우징, Affordable Housing)의 공급을 늘리려는 노력이다. 우선 주거에 대한 수요를 추정하여 세부적인 주택 공급 물량을 수립하고, 거기에다 공급할 주택의 수량과 입지까지도 고려하면서 정책을 마련한다. 주택 가격이 상승한다고 무작정 공급 물량을 늘리는 것이 아니라 바람직한 도시의 미래상과 주택 공급 계획의 조화를 추구한다.

이에 비해 한국, 특히 서울은 어떠한가? 도시의 바람직한 미래상은 고사하고 공급만이 선(善)인 양 재개발이나 재건축 정비구역 지정을 남발한다. 사회적기업이나 협동조합이 공급하는 어포더블 하우징의 공급을 독려하기는커녕 적폐(積弊)로 취급하고 있다.

일례로 2022년 8월 26일 오세훈 서울시장은 자신의 유튜브 채널인 「서울시장 오세훈TV」에서 '나랏돈으로 분탕질 쳐놓고 슬쩍 넘어가시려고? 사회주택의 민낯'이라는 제목의 영상을 게시했다. 해당 영상에서 오세훈 시장은 "사회주택이라는 이름으로 서울 시민의 피 같은 세금 2,014억 원이 낭비됐다"며 박원순 시장의 사회주택 정책을 신랄하게 비판했다.

따라서 주택 시장의 변동성이나 정치 지형의 변화에 따라 냉탕과 온탕을 오가는 주거정책 말고 일관성 있는 정책이 필요하다. 그렇다면 일관되고 안정적으로 추진해야 할 주거정책이란 과연 무엇일까?

일관된 주거정책의 방향

우선 자산기반형 주거복지 차원에서 주택 구매를 위한 정책을 안정적으로 운영해야 한다. 자산을 모으지 못한 청년 등의 사회 계층은 주택 가격이 오르든 내리든 주택 구매에 어려움을 겪을 수밖에 없다. 한국은 주택 가격 상승을 억제하려고 LTV를 제한하기 때문에 주택을 사고자 하는 가구의 어려움은 가중된다. 그러나 네덜란드의 경우는 이 LTV를 100%까지로 완화했다.

청년 세대에게 "청년 전용 임대주택을 잘 지어줄 테니 너희들은 그곳에서 살라"고 하는 것은 반쪽짜리 정책이다. LTV 규제 완화를 통해 청년들도 주택을 구매하여 자산을 축적할 수 있도록 해야 한다. 개인은 물론 청년들이 주택조합을 꾸려 주택 구매 시 조합 대출을 받을 수 있도록 제도를 개선할 필요가 있다. 또한 4050 무주택 가구를 위한 금융 지원 정책도 마련하자. 주거복지의 사각지대는 바로 소득 수준이 높지 않은 4050 무주택자들이다. 최선의 복지는 이들이 자산을 소유하게 하는 것이다.

둘째, 자산기반형 주거복지만으로는 부족하다. 부담할 수 있는 주택인 사회주택을 적극적으로 공급해야 한다. 사회주택은 '최저 주거기준을 넘어 적정한 주거기준에 맞는 주거환경을 제공하며, 부담할 수 있는 수준의 임대료에 안정적인 거주 기간이 보장된 주택'이다. 이는 공급과 관리의 주체가 누구냐에 따라서 정해지는 것이 아니라 ▲그 '주택'에 들어갈 수 있는 입주 자격 ▲그 '주택'에 내는 임대료 기준 ▲그 '주택'에 거주하는 임대 기간 ▲그 '주택'에 사는 임차인의 권리에 따라 민간임대주택이냐, 사회주택이냐를 구분한다. 사회 주택은 부담할 수 있는 주택을 다양한 주택 유형으로 공급할 수 있으므로 건강한 주택 생태계를 만들 수 있다.

셋째, 금융 정책과 토지 정책의 결합이 필요하다. 이는 공공이 적극 나서야 하는 지점이며, 토지은행 제도를 활용하고 금융 상품을 만들어 제공해야 한다. 국민은 정부가 나서서 집값을 잡아주기를 바랄 것이다. 하지만 이는 바람일 뿐 실현되기 어렵다. 국민의 바람을 이루지 못하는 정부는 무능한 정부로 불신의 대상이 된다. 그런 이유로 국민에게 주거정책을 통해 집값을 안정시켰다고 인정받은 역대 정부는 드물다. 이런 측면에서 '토지공개념 3법'과 '200만 호 공급 대책'을 쏟아낸 노태우 정부의 주거정책은 역대 정부 중 가장 잘했다고 인정받을 만하다.

부동산은 비탄력적인 재화이기 때문에 단기적인 정책으로는 효과를 보기 어렵다. 그래서 중장기적인 정책을 추진해야 한다. 주택 수요가 급증하고 가격이 오를 때 주택 공급을 시작하면 늦다. 문재인 정부가 스물여덟 차례에 이르는 대책을 내놔도 시장에서 먹혀들지 않은 이유도 정책과 타이밍의 불일치성 때문이었다.

따라서 당장 성과가 나지 않더라도 문재인 정부의 집값 폭등에서 교훈을 얻어 토지 비축에 심혈을 기울여야 한다. 노무현 정부 때는 토지은행을 적극 추진했다. 그러나 이명박 정부 들어 부채 누적을 이유로 〈한국주택도시공사(LH)〉로 하여금 토지를 매각하도록 했다. 미래를 내다보지 못한 패착이었다. 현재 토지 비축 기능을 가지고 토지은행을 운영할 수 있는 건 LH뿐이다. 지방자치단체 주도의 주거정책을 이뤄가려면 〈서울주택도시공사〉나 〈경기주택도시공사〉 등 지방 공기업에도 토지를 비축할 수 있는 권한을 줘야 한다. 주택 공급용 토지를 미리 확보해 수요가 몰릴 때마다 꺼내서 택지로 쓸 수 있다면, 비탄력적 속성을 가진 주택 시장의 변동성 문제에 대응하는 데 효과적일 것이다.

주택 공급이 부족해 집값이 올랐다는 뇌피셜[18]

집값은 금리가 결정한다

주택 시장에서 집값, 특히 아파트 가격이 오를 때마다 언론과 정치인은 항상 공급 부족론을 외친다. 지난 문재인 정부 임기 중에도 집값이 폭등하자, 그들은 공급이 부족해서 문제가 터졌다고 연일 떠들었다. 그러면 그에 화답하듯 정부는 대규모 주택 공급 정책을 발표한다.

문재인 정부는 언론과 당시 야당인 국민의힘 정치인들의 비판, 그리고 국민의 압력을 이겨내지 못하고 '공공주도 3080+, 대도시권 주택공급 획기적 확대 방안(이하 2.4 대책)'을 발표했다. 윤석열 정부 또한 2022년 8월 '8·16 부동산 대책'에서 270만 호 공급을 약속했다. 그러나 인플

〈주택 가격 변동에 대한 결정 요인의 기여도 분석(샤플리 분해) 결과〉

2011년 1월~2021년 12월

변수	한국부동산원 아파트 매매가격 지수 기준	한국부동산원 실거래가격 지수 기준	KB 아파트 매매가격 지수 기준
금리(기준금리)	60.7%	45.7%	56.1%
대출 규제(대출태도지수)	17.9%	13.4%	19.3%
주택 공급(준공물량)	8.5%	18.4%	11.9%
인구 구조(세대수)	8.5%	11.0%	10.3%
경기(경기종합지수)	4.4%	11.5%	2.5%

• 출처 : 이태리·박진백. 주택 시장과 통화(금융) 정책의 영향 관계 분석과 시사점. 국토정책 브리프 902호. 국토연구원. p4.

레이션으로 인해 주택 공급은 속도 조절을 해야 하는 상황이 되었다.

미 연방준비제도(Fed)는 치솟는 물가를 잡기 위해 2022년 3월부터 금리 인상을 통한 통화 긴축에 돌입했다. 22년 만의 최고 수준인 금리 인상은 이내 한국은행의 기준금리 인상으로 이어진다. 이창용 한국은행 총재가 2022년 8월 25일 기자간담회에서 "한은이 정부로부터는 독립적이지만 미국 중앙은행인 연방준비제도로부터는 그렇지 않다"고 밝혔듯이, 금리 인상은 '공급 부족론에 의한 집값 폭등론'을 한 방에 날려 버렸다. 이렇게 상황이 바뀌자, 공급 부족으로 집값이 폭등한다고 연일 떠들며 무주택자에게 위기의식을 심어 '영끌'을 하게 한 언론과 정치인들은 이제 폭락을 막아야 한다고 주장하고 나섰다. 참으로

'조변석개(朝變夕改)'식 포퓰리즘이 아닐 수 없다.

이와 관련해 〈국토연구원〉은 2023년 1월에 금리가 집값에 미치는 영향을 확인하는 보고서를 발간했다. 이 보고서에서 주택 시장 변동에 영향을 미치는 요인을 분석한 결과, 금리(기준금리) 변화가 주택 가격에 가장 강한 영향을 준다는 사실을 밝혀냈다. 금리가 대출 규제, 주택 공급, 인구 구조, 경기보다 주택 가격에 끼치는 영향이 훨씬 큰 것이다.

기울어진 운동장을 더욱 기울게

공급이 부족하면 집값에 영향을 준다. 그러나 공급을 통한 주택 가격 안정화의 효과에 대해서는 학자들 간에도 의견이 분분하다. 효과가 있다고 하더라도 다른 부정적인 영향도 고려해야 한다. 균형 발전과 모순될 뿐 아니라 부동산 버블이 꺼졌을 때 닥쳐올 충격을 완화하기 어렵다는 것이다.

공급 부족론에 의한 공급 정책은 대개 수도권 중심으로 이루어진다. 2.4 대책도 전국을 대상으로 했지만, 수도권에만 61.6만 호(서울 32.3만 호, 인천·경기 29.3만 호)를 집중적으로 공급한다는 계획이었다. 물론 예정된 270만 호 중 수도권에만 158만 호를 공급하겠다는 계획을 내놓은 윤석열 정부도 그와 다를 바가 없다.

한국은 서울을 중심으로 수도권 인구가 차지하는 비율이 압도적이다. 수도권 인구는 통계청이 관련 통계 작성을 시작한 1970년 913만 명에서 2020년 2,596만 명으로 50년간 184.4%(1,683만 명) 늘었다. 반면 비수도권 인구는 1970년 2,312만 명에서 올해 2,582만 명으로 50년간 11.7%(271만 명) 증가했다. 2020년 기준 수도권의 인구는 2,596만 명으로, 비수도권 인구 2,582만 명을 넘어섰다. 이렇게 수도권으로 인구가 집중되는 불균형 속에서 수도권 중심의 대규모 주택 공급 정책은 국토의 불균형 발전을 더 강화할 것이다.

수도권 중심의 주택 공급 정책은 국토의 균형 발전을 저해한다. 수요 측면에서 여전히 수도권으로 집중되는 인구로 인해 수도권에는 양질의 주택이 부족할 수 있다. 문재인 정부의 2.4 대책과 윤석열 정부의 8.16 대책도 이러한 측면에서 나온 것이다. 하지만 지역 불균형을 완화하는 방안도 없이 이뤄지는 수도권 중심의 주택 공급 정책은 기울어진 운동장을 더욱 기울어지게 하는 정책일 뿐이다.

그런 가운데 쇠퇴하는 지역의 활성화 해법 중 하나가 지역재생이다. 공급이 부족하진 않지만 주택의 질이 수도권이나 대도시와 비교하여 낮은 지방 중소 도시들의 경우 재생 사업을 통해 주거환경을 개선하고, 원도심에 활력을 다시 불어넣어야 한다.

물론 서울은 서울 나름의 고민을 안고 있다. 아파트 중심의 재개발 사업은 서울시의 역사성과 장소성을 훼손하고, 강남의 재건축 사업은 집값을 폭등시킬 우려가 있다. 서울시는 600여 년의 역사성을 가진 명품 도시이자 매력 도시이다. 욕망만 앞세운 개발은 역사 문화 도시인 서울시에 독이 된다.

과거 뉴타운 사업도 주거지 정비와 주택 공급이라는 명분으로 시행되었지만, 서울시가 지닌 역사성과 장소성의 훼손은 물론이거니와 주거 약자의 보호 방안이 부재하여 폐기되었다. 그런데도 다시 과거로 회귀하는 것이 옳은 것인가? 역세권 용적률을 더 주고, 곳곳에 재개발 사업장을 만드는 것이 좋은 서울 만들기인가? 이는 정부가 앞장서서 서울이라는 명품 도시를 망가뜨리고, 도심의 하늘 공간까지 훼손하는 결과로 이어질 것이다.

대규모 공급 중심의 주거정책은 자산 시장의 거품이 빠지면 정책적 대응을 어렵게 만든다. 현재 금리 인상과 러시아-우크라이나 전쟁, 유가 급등락 및 인플레이션 등으로 3기 신도시는 물론 서울시 내 재개발, 재건축 사업이 모두 속도를 내지 못하는 상태이다.

용납할 수 없는 집값 하락

코로나19 팬데믹 이후 세계 인플레이션으로 미 연방준비제도가 금리 인상을 단행했다. 금리 인상의 영향으로 우리나라 주택 가격이 하락하자, 2022년 5월 10일 출범한 윤석열 정부는 대출 규제를 풀었다.

생애최초주택 구매 가구의 LTV 상한을 완화해 집값의 80%, 최대 6억 원까지 대출받을 수 있게 했고, 무주택자 LTV 규제는 50%로 일원화했다. 또 규제 지역 내 15억 원 초과 아파트의 주택 담보 대출 제한도 없앴으며, 아파트 중도금 대출이 제한되는 기준선은 분양가 9억 원 이하에서 12억 원 이하로 상향했다. 이 밖에도 실수요자들의 거래 자금을 원활히 공급하기 위해 소득 제한 없이 이용할 수 있는 '특례보금자리론'을 출시했다.

또한 윤석열 정부는 다주택자와 단기 주택 보유자에 대한 양도세 중과를 면제했고, 종부세 중과도 폐지했다. 집값이 떨어지는 상황에서 굳이 매물을 주택 시장으로 유도할 필요가 없었는데도 그렇게 했다. 그뿐만 아니라 역전세난으로 인한 집값 하락을 막기 위해 '전세보증금 반환 특례보증(이하 특례보증)'을 본격 도입해 시행했다. 특례보증은 2023년 7월 4일 윤석열 대통령 주재로 열린 〈제18차 비상경제민생회의〉에서 확정·발표한 '2023년 하반기 경제정책 방향(관계부처 합동)' 중 역전세난 대책의 후속 조치였다. 명분은 전세 세입자를 위한다는 것이지만, 실제로는 집값 하락을 막으려는 조치였다.

이처럼 집값 하락을 막는 데 진심인 윤석열 정부는 2022년 12월 '2023 경제정책 방향'에서 이미 주택 시장 침체 흐름 등을 반영해 주택 공급 속도를 조절하겠다는 방침을 내놓은 바 있다. 공공주택 분양

일정을 조정해 물량을 분산하는 방식으로 조절하겠다는 것이다. 주택 공급이 부족해 집값이 폭등하는 바람에 영끌족과 벼락거지를 양산했다며 문재인 정부를 심판하자고 외친 것이 고작 일 년 전인데. 집값이 내려가니 갑자기 주택 공급을 조절하자고 한 것이다.

윤석열 정부의 이러한 의도는 일부 역설적인 성과를 내었다. 집값이 올랐기 때문이다. 그 결과 문재인 정부 때와 크게 다를 바 없는 비정상적인 집값으로 돌아갔다. 그러나 집값을 방어하기 위해 오르는 물가를 잡기 위한 정책 대응은 내팽개쳐졌다.

문재인 정부 때의 집값의 상승 요인은 복잡하다. 코로나19 팬데믹 등으로 인한 양적 완화, 저금리 및 사회적 거리 두기에 따른 쾌적한 사적 공간 소유 열풍, 수요층의 소득 증가 등이 모두 주요인이 될 수 있다. 그럼에도 풍부한 유동성 자금이 부동산, 주식 등의 자산 시장으로 흘러넘치는 상황에서 공급이 유일한 처방전이자 치료라는 주장은 얼치기 의사가 내린 희대의 오진이다.

중앙 집권이 수도권 집중을 초래

언론과 일부 정치인들이 내린 오진을 멀리하고, 수도권만 성장시키는 주거정책을 극복하려면 중앙 정부 주도의 정책이 아닌 '주거정책의 분권화'가 필요하다. 수요자에 따른 맞춤형 주택 공급, 부담할 수 있는 수준의 임대주택 공급, 일자리·교육·교통 등 생활 SOC와 연계한 계획, 지역과의 상생 등을 고려한 주거정책은 지방자치단체를 중심으로 풀어가야 한다.

중앙 정부 주도의 주거정책은 이미 한계에 봉착했으며, 다음과 같은 문제를 드러내고 있다. 첫째, 라이프스타일의 변화에 따른 새로운 수요에 대한 기민한 대응에 둔감하다. 둘째, 수도권과 대도시는 물론 지방의 중소 도시마저 아파트 위주의 개발을 초래하여 주거의 획일화가 발생한다. 셋째, LH의 '순살 아파트' 사건에서 보듯이 중앙 정부의 정책 독점은 부정과 부패로 이어진다. 넷째, 수도권 중심의 주택 공급이라는 주거정책으로 귀결된다.

수도권 중심 주택 정책의 부작용은 대규모 택지 개발에 따른 수도권의 비대화와 비수도권의 상대적인 쇠퇴에 상당한 영향을 준다. 수도권에 주택 공급을 확대하면 비수도권 인구와 청년 유출은 더욱 급속히 진행된다. 통계청 자료를 보면 비수도권에서 수도권으로의 순이동 인구는 1기 신도시 입주가 시작된 1990년~1995년 기간 동안 110만 명, IMF 이후인 1997년~2006년 기간 동안 118만 명을 기록했다. 이는 지방자치단체의 지역재생에 저해 요인으로 작용하여 소멸 위기를 가속화하고, 균형 발전을 물거품으로 만든다. 이러한 부작용은 중앙 정부 중심의 획일적인 공급 정책으로 인해 수요자 중심의 주거정책이 부

〈문재인 정부 때 주택 가격 상승 요인 4가지 – 서울 중심으로〉

주요 요인	내용	비고
팬데믹으로 인한 쾌적한 공간 수요 증가	• 2Room 이상 주택(아파트) 공급 및 재고 부족 • 1Room주택은 충분한 공급	20~30평형 아파트 가격 ↑
금리/유동자금	• 경제 회복을 위한 저금리, 양적완화로 시중 자금의 유동성 증가 • 시중 자금이 자산 시장(부동산, 주식)으로 이동	주택 가격 ↑
수요와 공급의 불일치	• 저금리와 넘치는 유동자금, 소득증대로 인한 급증하는 수요, 수요자가 선호하는 아파트 부족(양질의 아파트)를 공급이 따라가지 못함	신축아파트 부족
수요층의 소득증가	• 新 수요층의 소득증가로 양질의 주택(아파트) 수요 증가	

• 출처 : 진희선. (2021). 대한민국 부동산 트랜드. 행복에너지.에서 재구성 인용

재함으로써 비롯된 것이다.

이와 관련해 분권론의 대가인 그레고리 헨더슨(Gregory Henderson)도 "중앙 집권이 수도권 집중을 초래한다"라며, '중앙 권한의 분산' 없이 외치는 지역 균형 개발은 공염불에 불과하다고 지적하고 있다. 그럼에도 한국은 수도권 주택 문제가 발생할 때마다 '주거정책의 분권화'보다는 중앙 정부 주도의 대규모 신도시 개발(택지 개발)로 문제를 풀어왔다.

미분형 주거정책

주택이라는 상품의 수요자들은 이미 세분되어 있어 획일적인 평형대 공급 정책과 금융 정책, 주거정책으로는 그들의 다양한 주거 욕구를 해

결하기 어렵다. 미혼인 20~30대 주택 수요자들의 욕구와 기혼인 20~30대 주택 수요자들의 욕구가 다르며, 40~50대, 60대 이상의 욕구도 다르다. 또한 주택 수요자들의 소득 수준에 따라 공급해야 할 주택의 유형과 가격대, 평형대 등이 다르며, 가구원 수에 따라서도 마찬가지다.

게다가 지역별로도 수요가 다르고, 공급 조건도 다르다. 서울과 광주가 다르며, 부산과 의정부가 다를 것이다. 즉 주거정책은 수요자들의 욕구를 쪼개고 쪼개서 맞춤형으로 펼쳐야 하는 '미분형 주거정책'의 시대로 접어들었다. 그래서 더 이상 중앙 정부 주도의 주거정책으로는 수요자들의 욕구에 부합하기 어렵다. 이런 현실을 도외시한 수도권 중심의 신도시 개발은 중소 도시의 쇠퇴와 소멸을 가속한다.

중앙 정부 주도의 균형 발전은 장밋빛 환상이다. 그것은 이론적으로는 그럴싸할지 몰라도, 대부분 국가에서 실패했다. 지역사회의 문제와 도시의 쇠퇴 문제에 깊은 관심을 쏟은 사회운동가이자 저널리스트였던 제인 제이콥스(Jane Jacobs)는 중앙 정부 중심의 균형 발전 정책을 도시 간 '쇠퇴의 거래'로 규정한다. 국가에 의해 통제되는 도시들은 쇠퇴의 거래를 주도하면서 특정 도시에 부를 몰아준다. 부를 빼앗긴 지방 도시들은 도시 기능이 축소되고 쇠퇴한다.

따라서 중앙 정부 주도가 아닌 지방 분권에 의한 균형 발전을 추진해야 한다. 그 중심에 주거정책의 권한 이양이 있다. 중앙 정부는 주거

정책의 가이드라인(guideline) 제시와 재정, 기금 지원을 주로 담당하고, 지방 정부가 권한을 이양받아 '미분형 주거정책'을 수행해야 한다. 주택은 지역적인 입지가 존재하며, 지역 주민들의 편의를 위해 공급되는 고부가 상품이다. 그럼 당연히 지방자치단체가 권한을 가지고 주택정책을 실행하는 것이 맞지 않는가!

미국도 중앙 정부는 주거정책의 가이드라인을 제시하고, 주 정부는 주거정책의 계획을 수립하고 촉진하는 방식을 취하고 있다. 프랑스는 1983년 『지방분권법』 개정을 통해 지방자치단체가 주거 안정을 위한 계획을 수립, 추진할 수 있도록 했으며, 2000년 『도시의 연대 및 재생에 관한 법률』이 제정된 이후 공공주택 공급 시 중앙 정부의 토지 취득 지원과 재정 지원을 강화했다. 영국도 2012년 지방자치단체 중심의 분권화된 상향식 정책 기조로 전환하여 지방자치단체는 지역의 주택 수요를 평가하고, 개발에 적절한 지역을 설정하여 주택을 공급하는 책임을 지고 있다. 일본도 2005년 『지역주택특별법』 제정을 통해 지방자치단체 중심의 주택 계획과 공급을 시행하고 있다.

따라서 우리나라도 중앙 정부가 주거정책에 대한 권한을 과감히 이양함으로써 주택 가격 폭등과 폭락의 변동성, 전세사기의 반복과 같은 '악마의 사이클'에 걸린 이 구조적 문제를 해결하기 위한 실마리를 마련해야 한다.

미션 임파서블, 한국주택도시공사(LH)의 개혁

#장면 하나

지난 2023년 4월 인천 검단 신도시 아파트의 지하 주차장이 무너졌다. 이 아파트 202동과 203동 사이 지하 1층 슬래브(지붕 층)가 먼저 주저앉았고, 그 무게를 견디지 못한 지하 2층 슬래브도 뒤이어 무너졌다. 해당 아파트는 〈한국주택도시공사(LH)〉가 발주하고 〈GS건설〉이 시공한 아파트였다. 이른바 '순살 아파트 사태'의 시작이었다.

이후 순살 아파트 사태는 일파만파로 번져 나갔고, 조사 결과 부실시공과 철근 누락이 의심되는 LH 아파트 단지는 무려 101개인 것으로 밝혀졌다. 그리고 사태의 근본 원인은 설계와 감리 부실을 불러온 전관예우 카르텔이었다.

#장면 둘

2021년 3월 2일 시민단체인 참여연대는 'LH공사 직원들의 광명·시흥 신도시 사전투기 의혹 발표 및 공익감사 청구'라는 제목의 기자회견을 열었다. 그 직전인 같은 해 2월 24일 국토교통부가 광명·시흥 3기 신도시 지정을 발표하기 이전에 LH 직원들이 투기 목적으로 해당 지역의 토지를 사전에 나누어 매입한 정황을 제보받아 해당 지역 토지대장 등을 확인한 결과 관련 정황이 사실임을 확인했다는 것이 발표의 요지였다.

그날의 기자회견은 이후 엄청난 나비 효과를 불러왔다. 말 그대로 정국을 뒤흔드는 폭풍이 되어 당시 변창흠 국토교통부 장관의 자진 사퇴로까지 이어진 것이다. 이 사건은 가뜩이나 부동산 가격의 폭등으로 곤경에 처해 있던 문재인 정부에게 치명적인 상처를 남겼고, 결국 정권 재창출에 실패하게끔 만든 하나의 원인을 제공했다.

국토교통부, LH 개혁의 칼을 뽑다

문재인 정부와 윤석열 현 정부가 공통적으로 골머리를 썩인 부분이 있다면, 아마도 LH라는 골칫거리 공기업의 문제가 아닐까 한다. 과감하게 해체하자니 당장 3기 신도시 등 공공의 주택 공급을 수행할 조직이 없고, 가만히 두자니 국민에게 무능한 정부로 비친다.

과거 이명박 정부는 집권하자마자 2008년부터 '공기업 선진화 정책'을 추진한 바 있다. 이 정책의 일환으로 2009년 10월 〈한국토지공사〉와 〈대한주택공사〉가 합병해서 LH가 출범했다. 혁신도시, 기업도시, 행정중심복합도시, 수도권 신도시, 재개발 사업, 주거복지, 보금자리주택, 행복주택, 역세권개발 사업 등을 관장하는 거대 공룡 공기업이 탄생한 시작점이었다.

LH는 2009년 출범 이후 국민의 주거 문제 해결을 위해 순기능의 역할도 수행했지만, 내부적으로는 문제가 점점 곪아가고 있었다. 고름은 결코 살이 될 수 없다고 했듯이, LH의 곪은 구석에서는 직원들의 투기와 순살 아파트 사건으로 고름이 터져 나오기 시작했다. 그러자 정부로서는 공룡 공기업 LH의 개혁을 더 이상 미룰 수 없는 지경까지 내몰렸고, 이에 윤석열 정부의 국토교통부는 LH에 대해 칼을 뽑아 들었다.

우선 원희룡 국토교통부 장관은 순살 아파트의 원인으로 전관예우의 카르텔을 지목했다. 원 장관은 2023년 8월 20일 LH 서울지역본부에서 LH 용역 관련 전관예우 카르텔을 혁파하는 문제에 관해 다음과 같이 직설적인 말들을 쏟아냈다.

"이권 카르텔 문제는 LH만의 문제가 아니다."

"더 이상 이런 잘못된 관행과 이권 카르텔을 방치할 수는 없다."

"후진국형 전관예우 관행과 이권 카르텔을 반드시 혁파하겠다."

LH는 전관예우 카르텔에 관한 원 장관의 발언이 나오자마자 설계와 감리에 선정된 LH 퇴직자가 있는 업체 11곳과의 648억 원 규모의 계약을 전면 취소하며 백지화했다.

공룡 사냥은 예정된 실패

LH 개혁의 칼을 뽑아 든 원희룡 장관을 필두로 국토교통부는 '이권 카르텔 해체'를 외치면서 전방위에 걸쳐 공룡 공기업인 LH를 흔들며 공격했다. 이에 LH는 바닥에 납작 엎드려 자신들을 향한 공격의 칼날이 무뎌지기만을 기다리는 모양새다. 퍼붓는 소나기는 피하라고, 잠시 고개를 숙이고 자중하면 폭풍은 금세 지나간다는 걸 그들은 잘 알고 있다.

여론도 LH에 우호적이지 않았다. 순살 아파트 사건은 LH를 넘어 주무 부처인 국토교통부의 조직 개편을 요구하는 목소리로까지 확대되는 등 파장이 만만치 않았다. LH를 해체하자는 이야기도 나오고, 국토교통부에서 주택청을 분리해 별도로 설립해야 한다는 이야기도 나온다.

"LH가 아직도 도덕적 해이, 전관 특혜의 늪에서 벗어나지 못하고 있다. 해체 수준의 구조 조정을 통해서라도 윤석열 정부가 추구하는 공정과 상식의 기준에 맞춰놓겠다."

_2023년 8월 4일 국회 국토교통위원회 여당 간사 김정재 의원

"LH 공사가 양도를 원치 않는 토지주들로부터 공익사업이라는 미명으로 삶의 터전인 집과 농토를 강탈해 이 같은 범죄 행위를 자행하고 있다. 더는 공기업으로서의 존재 이유를 상실한 만큼 LH를 해체해야 한다."

_2023년 8월 8일 공공주택지구 전국연대 대책협의회

"2021년 직원들의 땅 투기 혐의로 논의됐다가 흐지부지된 혁신 방안을 소환해 애초 설립 목적을 회복해야 한다. LH로의 과도한 역할 집중이 부패를 양산한 만큼 '지방 공사'로 역할을 분담하는 방안도 적극 고려해야 한다."

_2023년 8월 21일 인천경제정의실천시민연합

공룡 공기업 LH는 과연 어떻게 될 것인가? 결론부터 말하면, 공룡은 상처는 입을지언정 결국 살아남을 것이다. 이 공룡은 항상 그래왔

다. 이명박 정부 때 〈주택공사〉와 〈토지공사〉가 통합한 이후로 LH는 생존법을 완전히 터득했기 때문이다. 그들은 LH 없이는 국가의 주택 공급이나 주거복지 같은 공약 사업을 수행하기 어렵다는 것을 잘 안다. 그래서 개혁의 요구가 있을 때마다 일단 수긍하는 모습을 보이면서 버티다 보면 종국에는 살아남을 수 있다는 걸 경험으로 터득했다.

대통령실과 집권당 역시도 이 공룡이 필요하다. 2022년 8월 16일 윤석열 정부의 원희룡 국토교통부 장관은 '국민 주거안정 실현 방안'에서 270만 호 주택 공급을 국민에게 약속했다. 물론 현 주택 시장 상황에서 약속한 270만 호 공급은 어렵지만, 최대한 많은 주택을 공급하려면 거대 공룡 공기업인 LH 말고는 다른 조직적 대안이 없다. 민간 건설기업이 그 역할을 대신하지도 않겠지만, 정부 또한 그들에게 맡길 수는 없는 실정이다. 대한민국에서 LH 말고 그 어떤 공기업도 공공주택 공급을 그렇게 대규모로 해낼 수는 없다. 신도시 지정 정보를 미리 알고 땅 투기를 해도, 전관예우라는 이권 카르텔 집단이어도 결국 꼬리 자르기식 징계 외에는 손대기가 힘들다.

중앙 주도의 주거정책이 실패의 원인

대한민국은 중앙 정부가 주도적으로 주거정책을 추진하는 나라다. 이런 나라에서 용산 대통령실과 국토교통부가 자신들의 손과 발이 되어 실적을 내줄 공기업인 LH를 해체에 준하는 수준으로 혁신할 수 있을까? 주거복지 사업, 3기 신도시개발과 공공주택 공급, 공공재개발 등 국민의 주거환경에 심대한 영향을 끼치는 공기업이 바로 문제투성이 LH다. 이런 LH가 크고 작은 사건, 사고를 일으키더라도 현재로서는 해체 수준의 개혁은 불가능하다.

언제까지 이런 악순환이 계속되어야 할까? 주거정책의 권한을 지방정부로 이양하고, 이에 맞춰 공룡의 손과 발(LH 지역본부)을 본사에서 분리해 지방 공기업과 통합시켜야 한다.

〈서울주택도시공사(SH)〉나 〈경기주택도시공사(GH)〉 같은 지방자치단체의 주택도시 공기업들이 LH가 하던 역할을 대체할 수는 있다. 그러나 대한민국은 주거정책을 주도하는 중앙 정부에 비해 지방자치단체의 권한이 미약하다. 지방자치단체는 주거정책을 주도적으로 시행할 권한이 적고, 재원도 없기에 지방 공기업의 역량이 높을 수가 없다. 지방 공기업은 당연히 규모도 크지 않고, 관련 노하우와 역량도 부족하다.

또한 지방자치단체와 지방 공기업 간에도 역량의 편차가 심하다. LH의 규모가 너무 거대해서 그렇지, 사실 SH와 GH도 규모가 큰 지방 공기업이다. 이런 이유로 주거정책의 분권화를 하면서 LH 지역본부를 지방 공기업과 천편일률적으로 통합하게 되면 지방 공기업 간 불균형이 심화할 것이다. SH와 GH 같은 지방 공기업과 다른 지방 공기업의 격차가 더욱 벌어질 거라는 이야기다.

그리고 지방 공기업도 순살 아파트와 같은 부정부패 문제를 일으킬 수 있다. LH 수준으로 역량이 올라오는 데도 오랜 시간이 걸린다. 용산 대통령실로서는 공약 추진에 차질이 생길 수밖에 없다. 서울과 경기의 주택도시공사를 제외하고는 인재들이 외면할 수도 있다. 수도권으로 인재가 몰리는 것은 당면한 현실이다. 이렇듯 당장은 긍정적인 요인보다 부작용이 클 수도 있다. 따라서 주거정책의 분권화와 LH 개혁은 정부의 의지와 장기적인 계획, 정권의 실력이 맞물려야 가능하다.

현재 서울시와 경기도를 제외한 다른 지방자치단체의 주택도시 관련 공기업의 규모와 역량은 참혹한 수준이다. 지방자치단체가 필요로 하는 주거정책의 손과 발이 될 역량과 수준이 안 된다. 이를 중앙 정부도, 공룡도 잘 안다. 지방 공기업의 낮은 역량 탓에 중앙 정부는 주택 사업을 분산시켜 나눠주기 어렵고, 이런 이유로 LH는 이권 카르텔이 불러온 순살 아파트의 악재 속에서도 살아남을 것이다.

중앙 정부 주도의 주거정책은 수도권의 성장을 위해 비수도권의 '쇠퇴를 거래'하는 구조이다. 인구 감소, 지방 소멸의 악순환을 더욱 부채질하는 정책 모델이 바로 중앙 주도의 주거정책, 국토정책 모델이다. LH를 개혁하는 것은 단순한 문제가 아니다. 중앙 정부 주도의 주거정책의 분권화, 수도권과 비수도권 간 쇠퇴의 거래, 지방 공기업의 사업 수행 역량 등의 복합적인 문제가 얽혀 있고, 이는 대한민국의 혁신과 개혁 문제의 축소판이다.

그래서 쉽지 않다. 분노만으로 할 수 있는 일이 아니다. 실력이 필요하다. 이 실력은 수도권 집중 문제를 풀 수 있고, 일관된 주거정책을 추진하며, 지방 정부와 협력적 거버넌스를 구축하고, 야당의 협조와 민간의 참여를 끌어낼 실력이어야 한다. 현 윤석열 정부의 실력으로는 그래서 어렵다.

눈 떠보니 전세사기의 선진국[19]

전세사기는 나라 전체가 들썩일 정도로 심각한 사회 문제다. 사회적 재난 수준인 전세사기의 실태는 어떤지, 정부와 지방자치단체의 대책은 실효성이 있는지 살펴보자.

Q　**먼저 각 지방자치단체의 전세사기 피해 대책은 어떤지, 이런 대책이 실효성은 있는지 답변해 주시죠.**

A　우선 경기도는 화성시 동탄에서 피해자들이 협동조합을 결

성하여 전세사기 피해를 치유하는 것을 지원하겠다고 밝혔습니다. 또한 피해자들에게 이주비 150만 원과 긴급생계비 100만 원을 지원할 예정입니다.

부산시는 다른 지방자치단체와 마찬가지로 전세사기 피해자 지원 전담팀을 신설하고, 〈전세사기 피해지원센터〉도 설치 운영 중입니다. 또한 피해자에게 최장 2년 동안 공공임대주택 110가구를 제공할 예정이며, 추후 민간임대주택으로 이사할 때 2년간 월세 40만 원과 이사비 150만 원 등을 지원하겠다고 합니다.

반면 인천시는 전세사기 피해 규모가 가장 큰 지방자치단체죠. 그런데 지자체 차원의 전세사기 대책은 적극적이지 않아 보입니다. 인천시가 밝힌 대책은 피해자 중 만 18~39세 청년이 민간임대주택에 입주 시 1년간 월 40만 원을 지원하겠다는 것과 공공임대주택에 입주 시 가구당 이사비 150만 원을 지원한다는 대책 정도만 눈에 띄네요.

저는 전세사기를 금융사기라 봅니다. 금융 정책 수단을 가지고 있지 못한 지방자치단체 차원에서는 한계가 뻔히 보이고, 할 수 있는 지원 범위가 제한적입니다. 전세사기 피해자들이 필요로 하는 대책으로는 정부나 공공기관이 임차인의 채무를 인수해 자금 부담을 덜어주는 정책과 같이 더 적극적인 지원책이 나와야 합니다.

Q 그렇다면 이렇게 전세사기 피해가 생기는 이유는 무엇인가요?

A 여러 요인이 복합적으로 작용해서 발생한 사회 문제입니다. 전세 제도 그 자체가 근본적으로 전세사기의 요인을 내포하고 있습니다. 이 전세 제도가 몇몇 조건들이 맞으면 대규모의 범죄로 폭발하는 거죠.

이를테면 부동산 가격 상승기에는 '무자본 갭 투기'가 가능해져서 한 사람이 몇백 채씩 매입할 수 있었죠. 이걸 가능하게 한 것이 바로 대한민국 정부의 정책이었습니다. 2015년 박근혜 정부 말기부터 부동산 시장 활성 대책 차원에서 전세 자금 대출을 확대했고, 문재인 정부 초기 임대주택등록제 도입에 따라 각종 세제 혜택을 주었습니다. 그런데 금리 인상으로 주택 가격이 폭락하자 깡통 전세가 나왔고, 이게 전세사기로 발전한 거죠.

Q 전세 대출 규모가 늘어나면서 그만큼 전세사기 피해 규모도 늘었

습니다. 2023년 5월 말 국회에서는 『전세사기 피해자 지원 및 주거 안정에 관한 특별법』이 통과됐는데, 실효성이 얼마나 있는지?

A 말씀하신 대로 『전세사기 피해자 지원 및 주거 안정에 관한 특별법』 제정안이 국회를 통과하였습니다. 법안의 핵심은 피해자들에게 금융 지원을 확대하고, 정부가 경·공매 대행 서비스를 제공하는 것입니다.

정부는 이 법에 따라 피해자들에게 '최우선 변제금'만큼 최장 10년간 무이자로 대출해 주기로 했습니다. 근저당 설정 시점이나 전세 계약 횟수와 관계없이 경·공매가 이뤄지는 시점에 '최우선 변제금' 범위에서 대출해 주는 거죠.

> (참고) 소액 임차인 보증금 범위와 최우선 변제금 기준은 각각 ▲서울 1억 6,500만 원 이하에 5,500만 원 이하 ▲인천을 비롯한 과밀억제권역과 용인 · 화성 · 세종 · 김포는 1억 4,500만 원 이하에 4,800만 원 이하 ▲광역시와 안산 · 파주 · 평택 등은 8,500만 원 이하에 2,800만 원 이하 ▲그 밖의 지역은 7,500만 원 이하에 2,500만 원 이하

그러나 이는 실효성 측면에서 기대에 못 미칩니다. 『전세사기 피해자 지원 및 주거 안정에 관한 특별법』에 따르면 정부가 피해자들에게 보증금을 온전히 보전해 줄 수 없습니다. 조금 박

하게 말하면, 빚을 내서 빚을 갚으라는 대책을 담은 법이죠.

Q 문제는 전세사기 피해자로 인정받는 것도 네 가지 조건을 충족해야 한다던데, 이 부분도 짚어주시죠.

A 피해자로 인정을 받으려면 네 가지 조건에 맞아야 해요. 첫째, 주택의 인도와 전입 신고를 마치고 확정 일자를 갖춰야 할 것. 둘째, 임대 보증금이 3억 이하일 것(〈전세사기피해지원위원회〉에서 +2억 상향 가능), 셋째, 다수의 피해가 발생(혹은 예상)되고 절차적 요건(임대인의 파산, 회생 절차, 경매·공매, 압류 등)이 갖춰져야 할 것. 넷째, 임대인의 보증금 반환 채무 불이행 의도가 상당(명확)할 것, 이 조건들에 해당하여야 전세사기 피해자로 인정받을 수 있어요. 사기를 당해 피해자가 되었는데, 피해자로 인정받기가 쉽지 않죠. 더구나 이 조건에 충족한다는 것을 피해 당사자가 증명해야 한다는 겁니다.

Q 대규모의 전세사기가 임대차 3법 때문에 불거졌다는 의견도 있는데, 진실은 무엇인가요?

A 윤석열 대통령은 지난 5월 9일 "집값 급등과 시장 교란을 초래한 과거 정부의 반시장적, 비정상적 정책이 전세사기의 토양이 되었다"고 책임을 문재인 정부의 부동산 정책으로 돌렸습니다. 특정 정책을 거론하진 않았지만, 문재인 정부가 2020년 7월 시행한 임대차 3법을 전세사기 원인으로 지목한 것 같습니다.

하지만 임대차 3법에 따른 전세금 폭등이 전세사기의 원인이라는 주장을 뒷받침할 객관적 근거는 찾을 수 없습니다. 임대차 3법 가운데 계약갱신청구권과 전월세상한제는 2020년 7월 말부터 시행되었죠. 이에 반해 '빌라왕'과 같은 1세대 전세사기범이 '무자본 갭 투기' 방식으로 빌라를 집중적으로 사들인 시기는 임대차 3법 시행 이전인 지난 2017년부터 2019년 사이입니다. 이처럼 전세사기는 2017~2019년부터 발생하기 시작했어요. 2020년 7월부터 시행된 임대차 3법이 주된 원인이라고 할 수 없는 겁니다. 일부 영향을 끼칠 수는 있지만요. 저는 2015년 부동산 시장 부양책으로 내놓은 전세 자금 대출 확대와 2017년 말 임대주택등록제 도입으로 인한 임대사업자 혜택 강화 등이 전세사기의 배경이 되었고, 금리 인상이 기폭제가 되었다고 생각해요.

Q 동탄 지역 전세사기 피해자들과 협동조합을 만들어서 문제 해결에 나섰는데, 이게 대책이 될 수 있다고 보는지?

A 전세사기 피해는 한 가지 해법으로 해결할 수 있는 사회적 재난이 아닙니다. 피해 주택의 유형도 다르고, 피해자들의 사회경제적인 상황이 다 다릅니다. 경기도 화성시 동탄 지역 피해자들이 피해를 스스로 치유하기 위해 결성한 〈탄탄주택협동조합〉은 여러 가지 문제 해결 방법 중 하나라고 생각합니다. 물론 동탄 지역과 유사한 오피스텔 유형에서 전세사기가 발생한다면 다른 지역에서도 시도할 수 있는 해법입니다.

Q 전세사기 문제가 2019년부터 크게 불거진 걸로 아는데, 여전히 해결되지 않고 문제가 계속 진행 중인 이유는 무엇이라고 봐야 할까요?

A 우선 부동산 시장의 변동성이 주요 요인으로 작용했습니다. 저금리로 시장에 돈이 많이 풀리면 주택 등 자산 시장으로 돈이 몰립니다. 이럴 때 집값과 전셋값이 상승하게 되는 거죠. 이에 반해 금리를 인상하면 시장에 풀린 돈이 회수되고,

주택 가격은 내려갑니다. 바로 역전세, 깡통 전세 주택이 등장하게 되는 거죠. 이러한 부동산 시장의 변동성을 배경으로 무자본 갭 투자를 통해 악의적인 전세사기범들이 등장하게 된 겁니다.

두 번째로 보수 정권, 진보 정권을 막론하고 주거정책은 가격에 대응하는 데만 초점을 맞췄을 뿐입니다. 문재인 정부 후반기에 주택 가격이 오르자 규제 정책으로 투기 수요를 억제하고, 공급 대책을 쏟아내면서 '시장의 안정화'에 주력했죠. 반면 이명박 정부와 박근혜 정부는 주택 가격이 내리자 규제 완화 정책으로 투기 수요까지 시장(market)으로 불러들여 '시장을 살리려고' 했습니다.

물론 집값의 급등락 시 정부가 썼던 정책이 다 틀렸다고 볼 수는 없습니다. 정부가 가용할 수 있는 정책 수단을 동원하여 주택 시장 변동에 대응해야 한다는 점은 인정합니다. 문제는 주택 가격의 급등락에 따른 주택 시장 변동성이 주거정책의 방향을 180도 바꾸다 보니, 시장 참여자들은 더 이상 정부 정책을 믿지 않게 된 거죠. 우리나라의 주거정책에 대한 국민적 불신은 진보와 보수 정권이 합작해서 만든 결과입니다.

Q 전세사기를 막기 위한 대안으로 전세 보증금의 에스크로 제도가 언급되었는데, 어떤 제도이며 실효성이 있다고 생각하는지?

A 전세 에스크로(가상계좌)란, 전세 보증금 전액을 임대인이 아닌 금융기관에 일부 보관한 뒤 계약 만료 시 돌려주는 방식입니다. 이를 통하면 갭 투자를 막아 전세사기 사태를 방지할 수 있다는 장점이 있습니다. 그러나 집주인(임대인)이 집을 전세 놓는 가장 큰 이유는 전세 보증금을 활용하려는 것입니다. 전세 에스크로를 도입하면 임대인 처지에서 전세로 집을 내놓을 이유가 없기에 때문에 월세로의 전환이 빠르게 일어날 것입니다. 그러면 임차인 처지에서는 임대료 부담이 더 커지게 되죠. 대한민국 현실에서 실효성을 가지기가 어렵다고 봅니다.

Q 아파트값이 하락하면서 깡통 전세, 역전세 문제도 심각하다고 하는데요, 어떤 대책을 마련하면 좋을지?

A 깡통 전세와 역전세 문제를 구조적으로 해결하려면 주택 시장을 안정시켜야 합니다. 금리 인상은 주택 시장에 강한 충

격을 주었습니다. 아파트 가격의 하락 폭이 커졌고, 주택 가격이 폭락함에 따라 역전세 및 전세사기라는 사회적 재난이 일어났습니다. 전세사기 문제는 '악하고 나쁜 일부 집주인'들이 만들어 낸 도덕적 문제만이 아니라 주택 시장의 문제에서 발생한 것이고, 그렇기에 더 나아가 주거정책의 책임이 일정 부분 있는 문제죠.

깡통 전세 문제는 대증요법으로 해결할 수 없습니다. 장기적 관점의 일관되고 안정된 주거정책의 방향성이 필요합니다. 우선 자산기반형 주거복지 차원에서 주택 구매를 위한 정책을 안정적으로 운영해야 합니다. 물론 자산기반형 주거복지만으로는 부족하고, 부담할 수 있는 주택인 사회주택을 적극 공급해야 합니다. 그리고 부담할 수 있는 주택의 추진을 위해서는 금융 정책과 토지 정책의 결합이 필요합니다.

2장

저비용 기본사회의 주춧돌,
사회주택

새로운 집들이 몰려온다[20]

변질된 팔랑스테르(phalanstère)

프랑스 지리학자 발레리 줄레조(Valérie Gelézeau)는 한국을 아파트 공화국이라고 불렀다. 실제로 한국은 아파트를 포함한 공동주택이 전체 주택에서 차지하는 비율이 이미 2010년 인구 주택 총조사에서 70%를 넘어섰다. 공동주택이란 하나의 건물 안에 여러 세대가 공동으로 거주하는 주거 형태를 말한다. 아파트는 그중 주택으로 쓰이는 층수가 5개 층 이상인 주택이다. 공동주택 비율이 가장 높은 도시는 인천광역시, 서울시 등 인구 밀도가 높은 도시들이다. 아마도 이를 아파트로 한정하면 60%가 넘을 것이다.

아파트는 사람과 사람의 관계성과 소통을 더 증진하고 촉진하려 했던 기획에서 비롯된 주거 공간이었다. 프랑스의 공상적 사회주의자 샤를 푸리에(François Marie Charles Fourier)는 '팔랑스테르'[21] 아파트를 통해 공동체주택을 실험했다. 공동주택 건물을 배치한 뒤 건물 중심에 공공시설과 사람들이 모일 수 있는 커뮤니티 공간을 구성함으로써 사람들의 소통과 순환이 이뤄지는 이상적인 아파트 실험이었다. 타인의 권리와 이익을 존중하면서도 개인의 자유로운 만족이 가능한 합리적인 공간으로서 공동체의 총체적 삶이 실현되는 집합 주거를 제안한 것이다.

그러나 샤를 푸리에의 아파트는 관계와 소통의 주거가 아닌 단절의 주거 형태로 변질된다. 이러한 변질은 한국으로 건너와 더 극단적인 모습을 띠게 된다. 한국의 아파트는 담과 울타리, 별도의 출입문이 있어 외부인의 출입을 제한한다. 출입구에 있는 경비 시스템은 주민이나 예약된 방문객의 출입만 허락한다. 그리고 이 같은 출입 제한은 아파트뿐만 아니라 주거용 건물 전체로 퍼지고 있다. 최근 몇 년 동안 활발하게 공급되었던 도시형 생활주택과 같은 주거용 건물에서도 외부인들의 자유로운 출입을 막는 잠금 및 차단 장치가 설치되어 있다.

출입을 제한하는 배타적 공간의 형성은 안전하지 못한 사회 시스템으로부터 안전을 확보하려는 조치로 이해할 수 있다. 그러나 주거 공간이 개인들의 방들의 집합체일 뿐, 외부로부터 단절됨으로써 고립감이 커지고 삶의 활기를 사라지게 하는 원인이 되고 있다. 이처럼 분리되고 파편화된 주거가 만연하게 된 것은 사적 소유를 통해 개인의 정체성과 사회적 지위를 확보하고자 하는 욕망의 발현이기도 하다.

한국은 어디에 몇 평짜리의 아파트를 소유하느냐에 따라 사회적 지위가 결정되는 아파트 공화국이다. 실제로 강남의 아파트에 거주하는 학생이 좋은 대학에 갈 확률이 높으며, 은행 문턱의 높이와 심지어 평균 수명까지도 아파트와 연관되어 있다. 행복은 성적순이 아니지만, 명문대 입학은 아파트 가격순이다. 부정하고 싶지만, 한국은 부동산을 중심으로 재산, 소득, 교육 수준 등이 결정되는 부동산 계급 사회이다. 사람이 죽고 사는 일이 신이 부여한 타고난 운명이 아니라, '부동산 계급의 계단'을 밟고 살다가 죽어가는 일이 되어 버렸다.

소통과 관계를 이어주는 집

우리의 삶에는 물질적 소유만이 행복의 척도가 아니다. 행복은 소통과 관계성이 단절되고 닫힌 개인의 공간 안에서는 얻기 어렵다. 길가로 불빛이 새어 나가는 창이 있고, 문 앞에 누군가 걸터앉을 수 있는 작은 벤치가 있으며, 집을 마을에 개방함으로써 이웃과의 소통이 원활한 활기 넘치는 마을에 사는 것. 이것으로 삶은 외로움에서 벗어나 풍부해질 수 있다.

'집'을 활발한 사회적 관계와 정서적 만족을 추구하는 장소로 바꾸고자 하는 사회적 활동이 있다. 개인의 공간에서 함께 사는 공간으로 집을 변화시키려는 움직임이다. 이런 집들을 공동체주택, 사회주택, 협동조합주택이라 부른다. 새로운 유형의 주택에서는 사람과 사람이 새롭게 관계를 맺고, 즐거움으로 가득 찬 삶의 질을 얻기 위한 다양한 활동을 발견할 수 있다.

공동체주택, 협동조합주택, 사회주택 등 새로운 유형의 주택이 지닌 공통적인 특징은 반드시 커뮤니티를 유지하고 강화할 수 있는 공유 공간을 만든다는 것이다. 공유 공간은 주거지 안의 거실일 수도 있고, 단위 세대 밖 별도의 커뮤니티 공간일 수도 있다. 공간을 조성하고 유지하는 비용은 공간을 공유하는 사람들이 스스로 부담하고, 사용의 주체가 됨으로써 주인 없이 황폐해진 공유 공간이 되는 것을 막는다. 새로운 유형의 집에서는 비용 부담도 회피하고, 관리 운영도 외면하여 결국 황폐해질 수밖에 없는 '공유지의 비극'[22]은 일어나지 않는다.

공유 공간에서는 밥 먹기나 영화 보기, 책 읽기와 같은 취미 활동을 함께 공유한다. 이는 관계의 질을 높이고, 공동체성을 강화하기 위한 일상 활동이다. 이를 위한 공유 공간이 있기에 교류와 소통이 일어난다. 이런 관계 맺음은 이웃과 공유하는 부분을 늘리고, 고립된 시간을 줄이게 해준다.

새로운 집의 가장 큰 특징은 거주자가 스스로 공간을 만들어 가는 것이다. 기존의 주택은 건설업자 같은 공급자가 중심이 되어 시장에 공급하고, 소비자는 만들어진 공간에 삶을 맞추어 가는 상품으로서의 주택이었다. 이에 비해 새로운 집은 사용자 스스로가 요구와 형편에 맞추어 삶을 담아내는 그릇으로서의 공간을 만들어 가는 것이다.

새로운 유형의 집은 함께 살고 싶은 사람들이 모여 하나씩 공간을 구축해 가는 수요자들과 사회적 공간으로서의 주거를 제공하고자 하는 공급자들이 만들어 간다. 새로운 유형의 집을 공급하는 공급자들은 주로 사람과 사람의 관계, 공간의 공공성을 중시하는 사회적기업, 협동조합과 같은 사회경제기업이 많다.

새로운 집의 공급자, 사회경제기업

〈국토연구원〉의 한 연구 보고서[23]에 따르면 새로운 집에 대한 높은 이해도를 지닌 가장 적합한 공급자는 사회경제기업이다. 그 이유로는 우선 소규모 공급에 의한 지역사회 통합성 증대를 들 수 있다. 사회경제기업에 의한 주택 공급은 대체로 소규모인 데다 생활권을 중심으로 이뤄지며, 큰 규모의 공공임대주택 건설에 비해 낙인 효과[24]가 적어 지역사회 통합성이 높아진다.

두 번째 이유로는, 사회적 약자의 주거 소요 충족 및 다양한 주택 공급이다. 이는 대규모 공기업이나 이윤 추구형 민간 건설업체에서 달성하거나 관심을 두기 어려운 부분으로, 지역에 기반을 둔 사회경제기업이 소규모 주택 건설에 효율적인 조직 특성을 이용하여 달성할 수 있다. 협동조합주택은 조합원이 주택 공급 초기 과정부터 능동적으로 참여하므로 다양한 형태의 주택 공급이 가능하다.

셋째로는, 지역사회에 근거를 둔 사회적 목적 실현이다. 지역사회에 기반을 둔 사회경제기업이 비영리 주택을 공급하고 관리할 경우, 주택의 건설 및 유지·관리 과정에서 새로운 일자리를 창출한다. 그리고 취약 계층에게 주택을 제공하는 한편 입주 후 복지 서비스를 연계하는 활동 등과 같은 사회적 가치의 실현을 추구할 수 있다.

넷째, 쇠퇴 지역의 재생이다. 사회경제기업의 주택 건설과 임대관리 사업은 쇠퇴 지역을 재생하는 수단으로 활용될 수 있다. 일례로 영국의 주택조합 중에는 지역사회가 안고 있는 실업이나 지역 경제 쇠퇴 등의 문제에 대응하기 위해 노력하는 곳이 많다.

다섯째, 저렴한 주택 공급과 관리 비용이다. 협동조합주택은 일반적인 주택 구입보다 비용이 저렴하고, 정부에서 저렴하게 토지를 구입 또는 임차하여 주택을 건설하는 경우는 시장 가격보다 낮은 비용에 품질 좋은 주택 공급이 가능하다. 또 조합원이 주택을 관리할 때는 운영에 필요한 원가 수준에서 관리 비용이 결정되므로 주거 관리 비용이 저렴해지는 장점이 있다.

사회경제기업이 공급하는 사회주택, 협동조합주택, 공동주택 등의 새로운 유형의 집은 경기 침체, 고령화, 지역 쇠퇴 등의 사회 문제를 먼저 겪으면서 주거 부문 서비스의 경험이 앞선 유럽 등의 다양한 주거 유형을 빌려온 것이다. 새로운 집은 소유보다 사용에 무게를 두고, 완성된 상품으로서의 집의 가치보다 함께 만들어 가는 과정을 중시한다. 또한 더불어 살면서 즐거움과 유익함을 함께 누리기 위한 공간이기도 하다.

함께 짓고, 함께 소유하는 집[25]

협동조합주택의 이점

협동조합주택이란 협동조합이 조합원의 출자금을 바탕으로 공동주택을 건축한 뒤, 이를 공동으로 관리하고 운영하는 주택이다. 토지와 건물(주택)은 협동조합이 소유하고, 조합원인 입주자는 내 집처럼 안심하고 거주한다. 입주한 뒤에는 조합원 거주자들이 주택의 관리 운영에 참여하는 것이 일반적이다.

협동조합을 만들어 집을 지을 때 얻는 이점은 크다. 일단 민간 건설업자가 실패의 위험을 무릅쓰면서 건설하고 분양할 때와 같은 손실 위험이 적다. 공사 과정에서 부당한 뒷거래로 인한 사업비 거품 우려도 없다. 이는 고스란히 조합원의 이익이 되고, 협동조합주택에 입주하여 사는 사람은 적정한 비용에 품질 좋은 주택에서 살 수 있게 된다. 실제로 건설공사 전후 미분양에 따른 위험과 광고, 홍보비를 없애면 민간 분양 시장에서의 가격 대비 15% 이상을 절감할 수 있다. 이 비용의 일부를 설계, 시공 또는 커뮤니티 활성화를 위한 컨설팅과 같은 곳에 추가로 투입함으로써 더 많은 이익을 얻게 된다.

그리고 조합원들이 설계 과정에 적극적으로 참여하여 각자 삶의 방식에 맞는 공간을 구성할 수도 있다. 즉 이웃과 공유하려는 공동체적 삶을 공간을 통해 그려낼 수 있는 것이다. 다만 협동조합주택은 대형 건설사가 공급, 판매하는 일반 분양 시장의 주택에 비해 상대적으로 저렴하지만, 토지와 주택 건축비 등을 부담해야 하므로 조합원별로 소득이 뒷받침되어야 한다.

서울에서는 2013년 최초로 〈하우징쿱 주택협동조합〉이 설립되었다. 〈하우징쿱 주택협동조합〉은 은평구 불광동에서 협동조합주택을 공급했다. 2014년 4월 주거공동체 '구름정원사람들'의 기공식을 연 게 시작이었다. '구름정원사람들'은 지상 1층, 지상 4층 규모로 8세대 조합원이 참여한 협동조합주택이며, 저층의 근린 생활 시설과 상층부의 주거 공간으로 구성되었다. 가구별 전용 면적은 18평형으로, 상가를 제외한 주택 부분은 2억 3천만~2억 4천만 원 정도의 비용이 들어갔다. 여기에다 10~15평 정도의 커뮤니티 공동공간을 별도로 만들고, 옥상을 함께 쓰는 공간으로 조성했다.

'구름정원사람들'을 필두로 이후 협동조합주택이 곳곳에 건설되었다. 그 가운데 대표적인 협동조합주택으로 사회적기업 〈더함〉이 공급한 '위스테이'가 있다. 위스테이는 경기도 남양주 별내 지구와 고양 지축 지구에 각각 491세대, 539세대의 단지로 조성된 국내 최초의 '협동조합형 공공지원 민간임대주택'이다. 공공지원 민간임대주택 정책에 '협동조합' 모델을 접목해 만든 국토교통부 시범 사업으로, 입주자들로 구성된 사회적협동조합이 개발 단계에서부터 지분 참여를 하여 간접적인 소유주가 되는 아파트형 협동조합주택이다.

유럽의 협동조합주택

협동조합주택이 처음 시작된 건 유럽이었다. 특히 북유럽 국가인 스웨덴의 협동조합주택은 오랜 역사성과 탄탄한 규모를 자랑한다. 스웨덴이 협동조합주택의 강국이 된 것은 1930년대부터 추진한 '국민의 집' 이념 아래 보편주의 정책 기조와 시장경제주의를 잘 조화시킨 덕분이다. 모든 국민이 행복한 공정 사회를 이루자는 '국민의 집' 이념은 스웨덴의 보편적 복지와 사회적 연대의 모태가 되었다.

스웨덴의 협동조합주택은 1920년대에 태동하여 1923년 HSB(임차인 저축 및 건축협회)의 출범으로 본격화되었다. 1940년대 초 설립된 〈릭스뷔겐〉은 협동조합주택의 획기적 발전을 이끈 조직으로 건설업계의 실업 해소 차원에서 설립되었으며, 건설노동조합이 자금을 지원하는 주택협동조합이었다. HSB와 〈릭스뷔겐〉은 2012년을 기준으로 스웨덴 협동조합주택 99만 8,000호 중 75%를 소유하고 있다. 참고로 북유럽 주요 국가의 협동조합주택 재고량은 스웨덴 23.2%, 노르웨이 15.0%, 덴마크 7.0%이다.

독일도 협동조합주택을 주변에서 쉽게 만나 볼 수 있는 나라 중 하나다. 독일 서남부 바덴뷔르템베르크주에 있는 튀빙겐시 남부 프랑스 지구에는 협동조합주택들이 모여 있다. 이곳은 1920년대부터 군 막사로 사용하던 지역에 2차 대전 승전국인 프랑스군이 주둔하다 철군한 후, 학생과 지역 주민이 정부의 철거 계획을 막고 리모델링을 통해 주거 지역으로 재생할 것을 제안하여 2007년 주거 단지 개발이 진행된 곳이다.

프랑스 지구의 협동조합주택 건축 방법은 이렇다. 먼저 집을 함께 지어 살기로 한 주민들 10~20가구가 모여서 협동조합을 구성한다. 그런 다음 협동조합 주택을 건축할 땅을 사기 위해 시 정부에 신청서를 제출한다. 심사를 통해 협동조합이 선정되면 시 정부로부터 토지를 구매

한 후, 자신들이 원하는 건축가와 시공사에 건축을 의뢰한다.

튀빙겐시 프랑스 지구의 협동조합주택 단지는 각각의 건물들이 모두 다양한 디자인과 공간을 가지고 있으며, 서로 조화롭게 구성되어 있다. 주택과 주택이 만나는 곳에는 아이들이 마음 놓고 뛰어놀 수 있는 공동 정원과 공동 작업실, 재활용품 공동 수거공간과 같은 공간을 공유하고 있다. 공동 작업실은 어린이와 청소년들의 기술공작실, 스스로 집수리를 하는 사람들의 작업 공간으로 사용된다. 협동조합주택 단지 안의 이러한 공유 공간은 각 협동조합의 대표들이 관리위원회를 꾸려 공동으로 운영하고 있다.

튀빙겐시의 도시재생 모델은 협동조합주택이 개별 건물로 만들어져 섬처럼 고립된 채 단위 주택 안에서만 공동체 생활을 영위하는 것보다 주택 단지를 이루어 마을을 형성하는 것이 훨씬 효과적이라는 것을 보여준다. 이에 비해 한국의 협동조합주택이나 공동체주택은 지역별로 분산되어 있어 개별 주택에 국한돼 공동체 생활을 해나가는 한계가 있다. 하지만 〈더함〉의 위스테이 아파트형 협동조합주택 사례에서 확인할 수 있듯이, 우리도 정부 정책이 뒷받침해 준다면 튀빙겐시 프랑스 지구처럼 협동조합주택 단지를 이루고 마을을 형성하는 것도 가능할 것이다.

공동체주택

한편 서울시에는 협동조합주택과 비슷하면서도 소유 형태는 다른 '공동체주택'이란 것도 있다. 공동체주택은 서울시의 정책적, 재정적 지원을 받는 주택으로서 거주와 운영 관리 측면에서는 협동조합주택과 차이는 없다. 가장 큰 차이라면 협동조합 소유냐, 개별 소유냐의 차이일 뿐이다.

공동체주택은 1970년대를 전후로 기존의 획일적인 주거 방식에 대한 회의, 가족 형태 변화에 따른 가사 노동의 어려움, 이웃과의 관계 회복의 필요성과 같은 주거환경에서의 문제점을 인식한 사람들을 중심으로 공동체적인 삶을 표방하면서 스웨덴이나 덴마크 등의 북유럽 국가에서 형성되고 발전된 새로운 공동 주거의 유형이다. 이는 계획부터 운영에 이르는 모든 과정에서 커뮤니티를 중요시하며, 커뮤니티의 효과적인 운영 여부가 성패 여부를 판가름하는 주요인이 된다.

한국은 제도적 한계 때문에 주택협동조합이 건축해서 운영하는 집보다 '소행주(소통이행복한주택)' 같은 공동체주택이 더 늘어나는 추세다. 공동체주택은 거주자들이 주택의 일부를 공유함으로써 이웃과 가깝게 지내고 서로 돌보는, 그래서 자연스레 높은 삶의 질을 획득해 가는 방식이다. 오늘날 집 짓는 과정을 조율하고, 갈등을 조정하는 역할을 담당하는 소행주와 같은 커뮤니티 비즈니스는 공동체를 이루고 살아가려는 사회적 욕구와 맞물려 점차 확산하고 있다. 한국도 관련 시장이 더 확대되고, 이러한 새로운 유형의 집들이 보편적 모델로 정착할 날이 그리 멀지 않았다.

사회주택은 3안(安) 주택

사회주택이란

사회주택은 개인이 소유하거나 집주인에게 월세를 내고 사는 주택이 아니라 주택협동조합 또는 사회적 임대인이 소유 및 운영, 관리하지만 '내 집'처럼 거주하고 사용할 수 있는 집이다. 이는 비영리 법인이나 사회경제기업이 소유하고 관리하는 주택으로서 공기업이 소유 및 운영, 관리하는 공공임대주택까지 포함하는 개념이다. 때에 따라서는 민간의 영리 조직이나 개인이 보유한 주택이라 하더라도 공공이 보유하고 제공하는 것과 비슷한 방식으로 운영되는 주택까지 포함한다.

사회주택의 등장 배경은 부담할 수 있는 주택(Affordable Housing)의 필요성, 정부와 시장의 실패를 보완하는 대안 주택(Alternative Housing)의 요구 증대, 공공임대주택의 슬럼화와 님비 현상 극복의 필요성이 늘어난 때문이다. 이런 배경 아래서 등장한 한국 사회주택의 주된 공급자는 사회적기업, 협동조합 등의 사회경제기업들이다.

한국에서 사회주택이라는 용어는 1980년 말 노태우 정부에 의해 영구임대주택의 공급과 함께 소개되었다. 그러나 공공이 주도하여 공급하고 운영, 관리한다는 측면에서 공공임대주택이라는 용어가 공식적인 정책 용어로 사용되었다. 그로 인해 사회주택이라는 용어는 현실에서는 거의 사용되지 않았고, 한동안 정책 영역에서 잊힌 개념이 되었다.

그 뒤로 한국은 1인 가구의 증가, 저출생·고령화로 인한 인구 구조의 변동, 신혼부부를 포함한 청년과 중장년 1인 가구[26] 등 새로운 주거 취약 계층의 등장, 월세 가구의 증가와 같은 사회 변화에 맞닥뜨리게 되었고, 그와 맞물려 주택 시장도 빠르게 변하고 있다. 이에 주거비 측면에서 적정하고, 주거환경 측면에서 안전하고 편안하게 살 수 있는 새로운 유형의 주택 공급이 절실해졌고, 그런 배경 아래서 새로이 주목받게 된 것이 사회주택이다.

물론 사회주택도 임대주택이다. 한국에서 사회주택은 공익성을 추구하는 민간, 즉 사회적 임대인이 소유하거나 운영하는 임대주택이다. 그렇다면 일반적인 민간임대주택과 사회주택은 어떻게 구분할 수 있을까?

첫째는 주택 임대의 목적이 다르다. 사회주택의 임대료는 세입자가 부담할 수 있는 적정한 금액이어야 한다. 한국에서 사회주택은 주변 시세의 80% 이하의 월 임대료를 책정하여 운영한다. 둘째, 주택을 소유한 임대인이 공공성을 가졌느냐이다. 사회주택은 개인 소유가 아니라 중앙 정부나 지방자치단체가 건설하여 소유 및 운영(한국에서는 공공임대주택이라 부른다)하거나, 비영리 법인, 사회경제기업 등의 사회적 임대인이 소유·운영하는 임대주택이다. 셋째, 사회주택은 민간임대주택과 다르게 중앙 정부나 지방자치단체가 정책 목표를 달성하기 위해 재정이나 기금 등을 지원한 임대주택이다.

사회주택과 민간임대주택을 구분하는 위 3가지 기준에 따라 사회주택을 다시 정의해 보면, '사회주택이란 공공 또는 사회적 임대인이 소유, 운영, 관리하는 부담 가능한 주택'이다. 그리고 앞서 언급한 대로 한국에서는 사회적기업, 협동조합, 비영리 법인이 사회주택의 사회적 임대인 역할을 한다.

안정, 안심, 편안 주택

집이 좌절과 불신, 그리고 분노의 공간이 되어서는 안 된다. 거주 기간이 안정되고, 외부의 위협으로부터 안심할 수 있고, 주거환경이 편안한, '안정, 안심, 편안'의 3안(安)이 충족되어야 한다. 그리고 그 세 가지를 제공하는 것이 바로 사회주택이다.

우선 사회주택은 안정된 거주가 가능한 안정주택이다. 안정주택은 장기적으로 거주하고 싶을 때까지 살 수 있는 주택을 말한다. 한국은 『주택임대차보호법』으로 4년(2+2년)의 임대주택 거주가 보장되지만, 이것만으로 주거의 안정성을 확보했다고 보기는 어렵다. 이에 비해 사회주택은 반사회적인 행동이나 임대료의 장기 미납과 같은 이유만 없다면 임차인이 살고 싶을 때까지 거주를 보장한다.

또한 사회주택은 안전이 보장되는 안심할 수 있는 주택이다. 외부의 위협으로부터 안심하고 살 수 있는 집은 보안이 촘촘하고 잠금 장치가 많은 집이 아니다. 공동체가 살아 있는 마을에서는 서로서로 안부를 묻고, 서로서로 지켜봐 주고, 서로서로 돌봐준다. 그런 공동체가 살아 있는 마을 속의 집이 안심하고 살 수 있는 안심주택이다.

마지막으로, 사회주택은 쾌적한 주거환경을 제공하는 편안한 주택이다. 사회주택은 침실과 주방, 화장실, 공유 공간을 적정 주거기준에 맞춰 제공한다. '적정 주거기준'은 가구별 면적, 층간 소음, 일조량 등이 포함된다. 적정 면적은 1인 가구 31.1㎡(10평), 2인 가구 52.8㎡(18평), 3인 가구 61.8㎡(24평), 4인 가구 76.6㎡(30평)이며, 3인 가구부터는 화장실과 욕실이 2곳 이상 설치되어야 한다.

한국의 사회주택 현황

한국의 사회주택은 공공임대주택, 위탁운영형 사회주택, 매입약정형 사회주택, 토지임대부형 사회주택, 리츠형 사회주택, 민간주도형 사회주택, 이렇게 6가지 유형이 있다.

그러나 세부적으로 분류하면 유형의 가지 수는 이보다 더 많아진다. 한국에서 사회주택의 유형이 다분화된 것은 한국형 사회주택 모델을 찾아가기 위한 다양한 혁신적 시도의 결과였다. 그러면 한국에서 사회주택은 지역별, 연도별, 유형별로 얼마큼 공급되었을까?

먼저 지역별 공급 현황을 보면 서울이 3,797호, 경기 2,178호, 인천 427호, 부산 40호, 전북 84호로, 공급이 주로 수도권에 몰려 있다. 유형별로는 토지임대부 사회주택 1,357호, 사회적주택 2,3231호, 매입약정형 사회주택 1,111호, 공동리츠형 74호, 리모델링 사회주택 631호, 공공지원 리츠 1,030호를 공급했다. 연도별로는 2019년부터 2021년까지 해마다 1,000호 넘게 공급이 이뤄졌으나, 2022년 들어서는 서울시 사회주택사업의 신규 공급 중단으로 공급량이 대폭 축소됐다.

〈한국 사회주택 유형 정리〉

유형	세부유형	운영	토지소유	건물소유
공공임대	행복주택, 국민임대, 영구임대, 통합공공임대 등	공공	공공	공공
	수요맞춤형매입임대 ex)보린주택(금천구), 도전숙 등	공공	공공	공공
위탁 운영형	사회적주택 ex)누림, 작당, 평택형사회적주택 등	사경	공공	공공
		지자체-사경	공공	공공
매입 약정형	테마형(기획운영) ex)다다름, 안암생활 등	사경	공공	공공
	특정테마형(기획제안) ex)예술위원회, 복지부 테마 등	사경	공공	공공
	테마형(지자체형) ex)고양시 공모사업	사경	공공	공공
	테마형(지자체참여형) ex)전주시→LH	사경	공공	공공
토지 임대부형	LH토지임대부 ex)수원 조원	사경	공공	사경
	LH리츠형 토지임대부 ex)녹색친구들삼송,한솔아이키움	사경	공공	사경
	SH토지임대부 ex)유니버설 수유, 홍시 등	사경	공공	사경
	서울토지지원리츠 ex)함께주택4호, 에어스페이스3호	사경	리츠	사경
리츠형	공동리츠(서울사회주택리츠) ex)앤스페이스(대치)	사경	리츠	리츠
	임대리츠 ex)위스테이 별내, 위스테이 지축	리츠	리츠	리츠
민간 주도형	민간사회주택 ex)장안생활(도시재생기금)	사경	사경	사경
	민간토지임대부	사경	민간	사경
	지역공동체형(협동조합) ex)안심마을 공터(대구 동구)	사경	지역	지역
	전대형(민간위탁운영) ex)달팽이집, 자몽하우스	사경	민간	민간

- 출처 : 이주원 외. (2023). 경기주택도시공사 사회주택 특화모델 연구. 한국사회주택협회.
- 사경 : 사회경제기업 / 공공 : LH 등 공기업 / 리츠(Real Estate Investment Trust)는 부동산투자회사법 제2조제1호에 따라 다수의 투자자로부터 자금을 모아 부동산 및 부동산 관련 증권 등에 투자·운영하고 그 수익을 투자자에게 돌려주는 부동산 간접투자기구인 주식회사.

〈지역별 사회주택 공급 현황 (2023년 4월 기준)〉

구분	서울	부산	경기	전북 (전주)	인천	총계
세대	3,797호	40호	2,178호	84호	427호	6,524호
건	209	5	59	7	11	291

• 출처 : 이주원 외. (2023). 경기주택도시공사 사회주택 특화모델 연구. 한국사회주택협회.

〈유형별-연도별 사회주택 공급 현황 (2023년 4월 기준)〉

	2015	2016	2017	2018	2019	2020	2021	2022	합계
토지임대부 사회주택	43	94	33	125	433	402	227		1,357
사회적주택		231	36	101	659	636	292	366	2,321
매입약정형 사회주택						177	934		1,111
공동리츠형				60	14				74
리모델링 사회주택	18	76	174	64	126	162	11		631
공공지원 리츠		1,030							1,030
합계	61	1,431	243	350	1,232	1,377	1,464	366	6,524

• 출처 : 이주원 외. (2023). 경기주택도시공사 사회주택 특화모델 연구. 한국사회주택협회.

주거 사다리 다시 놓기

한국 임대주택 시장의 특성

한국도 한때는 주거의 이동이 상당히 활발했던 나라였다. 월세방에서 시작해 전셋집을 거쳐 자기 집을 마련하는 것은 보기 드문 사례가 전혀 아니었다. 그래서 과거에는 신혼부부가 월세방에서부터 결혼 생활을 시작하는 걸 아주 당연시했다. 하지만 지금의 청년들에게 그건 거의 전설 같은 이야기가 되었다.

주거의 이동뿐만이 아니었다. 고성장 시대에는 '교육 사다리'와 '소득 사다리'가 튼튼해 한국인들의 계층 이동 자체가 원활했다. 하지만 지금은 상황이 바뀌어 저성장 시대가 되었고, 직업과 소득, 주거의 이

〈케메니의 임대시장 유형 구분〉

<table>
<tr><th colspan="2">구분</th><th colspan="2">단일임대시장 체제</th><th colspan="2">이중임대시장 체제</th></tr>
<tr><td colspan="2">임대료 수준</td><td colspan="2">민간임대주택보다
낮지만, 차이는 없음</td><td colspan="2">민간임대주택보다 상당히
낮음</td></tr>
<tr><td colspan="2">사회적임대인
(민간) 부문</td><td colspan="2">비영리(사회적기업 포함)
민간부문이 공공임대주택
(사회주택)을 다수 소유,
운영, 관리</td><td colspan="2">공공부문이 공공임대주택을
소유, 운영, 관리</td></tr>
<tr><td rowspan="3">주택
점유
형태</td><td>공공임대 비중</td><td colspan="2">비교적 높음</td><td colspan="2">비교적 낮음</td></tr>
<tr><td>민간임대와 관계</td><td colspan="2">통합, 경쟁</td><td colspan="2">단절, 분리</td></tr>
<tr><td>자가소유 비중</td><td colspan="2">비교적 낮음</td><td colspan="2">비교적 높음</td></tr>
<tr><td colspan="2">복지국가체제</td><td>사회민주주의,
조합주의</td><td colspan="2">자유주의</td><td>미성숙, 초보적</td></tr>
<tr><td colspan="2">해당 국가</td><td>스웨던, 핀란드,
네덜란드, 프랑스,
독일 등</td><td colspan="2">영국, 미국, 호주,
일본, 대한민국 등</td><td>스페인, 그리스,
포르투갈 등</td></tr>
<tr><td colspan="2">쟁점</td><td colspan="2">잔여화 및 자가소유화
압력</td><td colspan="2">사회적 배제에 따른
사회통합 요구</td></tr>
</table>

• 출처 : 박은철. (2016). 사회주택 프로그램 도입방향. 서울연구원.에서 재구성 인용

동성이 나빠지다 못해 아예 멈춰버렸다. 우리 시대의 불평등이 주거 사다리, 교육 사다리, 소득 사다리를 걷어찬 것이다.

한국에서 주거 이동의 사다리를 다시 놓는 것은 쉽지 않다. 우리의 임대주택 시장이 주거 이동의 상당한 장애로 작용하기 때문이다. 공공임대주택의 임대료 대비 주거환경은 같은 임대료의 민간임대주택에 비해 월등히 좋다. 그뿐만 아니라 거주 기간도 길고 안정적이며, 임

대료 급등도 일어나지 않는다. 이러한 차이가 공공임대주택 입주자들이 비슷한 임대료의 민간임대주택으로 이동하는 걸 막는다. 다시 말해 공공임대주택의 우수한 주거환경으로 인해 민간임대주택으로의 주거 이동은 거의 일어나지 않는다.

주택도 시장에서 거래되는 상품이다. 상품으로서의 주택의 특징은 입지에 따라 가격 차이가 크고, 고가의 소비재이며, 공공재의 성격과 사유재의 성격, 자본재의 성격을 모두 지닌다는 점이다. 상품으로서의 주택에 대해 짐 케메니(Jim Kemeny)는 나라마다 주택점유 형태, 복지 체계, 임대 시장의 특성 등을 분석하여 단일임대시장(unitary rental system)과 이중임대시장(dualist rental system)으로 구분했다.

케메니의 분류에 따르면, 한국은 이중임대시장을 가진 나라다. 이중임대시장은 사회주택의 숫자가 적고, 빈곤층의 사회안전망 차원에서 공급되었으며, 민간 주택 시장과 단절된 시장을 의미한다. 이중임대시장은 사회주택에 빈곤층들이 입주하여 주변으로부터 격리 혹은 배제되며, 자가 소유, 민간임대, 사회주택 간의 이동 장벽이 높다.

케메니가 말하는 사회주택은 중앙 정부나 지자체가 건설하여 소유·임대하는 공공임대주택과 사회주택 공급자들이 소유·임대하는 사회주택을 포함한다. 유럽의 여러 나라들에서는 공공임대주택과 사회적 임대인들이 운영하는 임대주택을 포괄하여 사회주택(Social Housing)

이라 부른다.

이중임대시장에 비해 단일임대시장은 자가 소유의 비율이 상대적으로 낮으며, 사회주택과 민간임대주택이 통합된 주택 시장이다. 학자들은 이중임대시장이라는 주거 체제(housing regime)를 가진 나라들보다 단일임대시장이라는 주거 체제를 가진 나라들이 상대적으로 주거 사다리가 원활하게 작동한다고 본다.

그 가운데 한국은 주거 사다리가 무너진 이중임대시장을 가진 나라이다. 한국에서 주거 사다리를 다시 놓는 것은 가능할까? 쉽지 않다. 이중임대시장 자체가 주거 이동의 상당한 장애 요소로 작동하기 때문이다. 앞서 언급한 바와 같이 한국에서 공공임대주택의 임대료 대비 주거환경은 민간임대주택 시장에서 같은 임대료가 매겨진 주택에 비해 월등히 좋다. 그뿐만 아니라 거주 기간도 안정적이고, 임대료 급등도 일어나지 않는다.

이런 차이가 공공임대주택 입주자들이 비슷한 임대료의 민간임대주택으로 이동하는 걸 막는다. 더 정확히는, 임대료 차이가 너무 커서 현실적으로 이동 자체가 불가능하다. 앞서 언급한 것처럼 공공임대주택의 주거환경이 비슷한 임대료 수준의 민간임대주택에 비해 상당히 우수하므로 민간 임대 시장으로의 이동은 일어나지 않는다. 이런 이유로 공공임대주택 입주자들은 퇴거 요청을 받게 되면 거주 기간 연장을 요구하며 민원이나 집회 같은 저항을 주저하지 않는다.

필요한 건 축적의 시간

그래서 주거 사다리를 다시 놓기 위해서는 축적의 시간이 필요하다. 한국은 아직 정책의 변화도, 사회주택의 공급 및 관리 운영 역량도, 공급 확대를 위한 프로젝트 파이낸싱[27] 역량도 그다지 높지 않다.

또한 각 정치 집단 간의 사회적 합의(public consensus) 수준이 높아야 한다. 일례로 단일임대시장을 가진 국가인 독일은 전체 주택 재고량 대비 사회주택 비율이 약 5%로 유럽 국가 중에서는 낮은 편이다. 하지만 독일 국민, 특히 주거 약자들의 주거 안정성이 한국처럼 낮지는 않다. 사회주택 숫자는 적지만, 임대료 통제 정책 등으로 공공성이 강한 민간임대주택이 많이 존재하고, 사회적 합의를 통해 민간임대주택에 대한 다양한 지원과 규제를 만들었기 때문이다.

따라서 한국에서 주거 사다리를 다시 놓기 위해서는 현실을 인정하는 것부터 시작해야 한다. 복지 국가를 구성하는 네 개의 기둥(의료, 교육, 사회 보장, 주거)이 모두 부실하게 시공된 나라에서 주거 기둥만 튼튼하게 보강 공사를 할 수는 없다. 그렇다고 네 개의 복지 기둥을 동시에 다시 설계하여 고치자니 우리의 경제 실력과 사회적 합의의 수준을 미뤄볼 때 여간 어려운 일이 아니다. 결국 주거 사다리를 만드는 출발점은 이러한 현실을 인정하는 데 있다.

한국은 복지 국가로 향하는 힘겨운 길을 가고 있다. 네 개의 기둥을 튼튼히 세우기 위해 여와 야, 진보와 보수가 정치와 경제의 장에서 격렬한 논쟁을 벌이는 상황이다. 그와 관련한 사회적 합의 또한 아직 이루어져 있지 않다. 이렇듯 갈 길이 먼 나라이기에, 주택 체제적 관점에서 볼 때 이중임대시장 구조는 한동안 지속될 것이다.

저출산 고령화라는 국가적 위기 상황에서 청년과 신혼부부 등 미래 세대에게 저렴하고 안정적인 공공임대주택과 사회주택을 우선 공급해야 한다. 그러나 아직 한국에서 공공임대주택은 특정 계층을 대상으로 한 선별적 복지(residual welfare)[28] 정책일 수밖에 없다.

그래서 한국 사회에 주거 사다리를 튼튼하게 놓으려면 첫째, 법률 정비와 제도 개선으로 공공의 지원이 확충되는 정책 환경의 혁신과, 둘째, 도시주택기금 및 국민연금 활용 등 사회주택 공급을 원활하게 할 수 있도록 하는 투자 환경의 혁신, 셋째, 영국의 주택커뮤니티청(Homes and Communities Agency, HCA) 같은 지원 조직 및 체계의 혁신 등이 요구된다.

물론 주거 사다리를 튼튼히 놓는 것은 사회주택의 공급과 확대만으로는 어렵다. 세입자들의 주거 안정을 보호하는 『주택임대차보호법』, 주거 약자의 주거권을 확대하는 방향으로 『주거기본법』 등의 법률 정비가 이루어져야 한다. 그리고 사회주택의 안정적 공급과 운영 관리를 위한 사회주택 관련 법률의 제정이 시급하다.

2017년 국토교통부는 『민간임대주택특별법』을 개정하여 사회주택 관련 법과 제도를 정비하려 했으나, 당시 국회 법제사법위원회에서 야당 소속 국회의원의 반대로 개정안을 통과시키지 못했다. 이후 사회주택 관련 법률의 개정 및 제정안이 개별 국회의원에 의해 발의·상정되었으나, 한동안 계류되어 있다가 사실상 폐기되었다.

저비용 기본사회의 주춧돌, 사회주택

집은 물리적 공간이자 심리적 장소

요즘 물가가 장난 아니게 오른다. 물가가 오르면 실질 소득이 떨어진다. 그래서 봉급쟁이 노동자들 처지에서는 월급이 오르기만을 학수고대한다. 하지만 급여가 물가 인상에 맞춰 계속 오를 수 있는 것은 아니다. 한계가 있는 것이다.

서울 같은 대도시에서 사는 도시 생활자의 급여를 계속 인상할 수 없다면 도시 생활에 드는 비용을 낮추는 것이 더 좋은 방향이 아닐까? 도시 생활자가 실제 내는 생활비를 낮출 수 있다면 우리들의 삶 자체가 좀 더 윤택해질 것 같다. 나아가 개개인의 라이프스타일도 다양한 형태로 발현될 수 있을 테고 말이다.

대도시의 삶은 곧 고비용의 삶이다. 대표적인 고비용 지출이 주거비이다. 그래서 저비용 도시로 향하는 가장 빠른 길은 주거비를 낮춰 부담할 수 있는 비용으로 쾌적한 주거를 누릴 있게 하는 것이다. 이러한 저비용 도시를 만드는 기반이 바로 사회주택이다.

집이라는 말을 들으면 몇 가지 단어가 직감적으로 떠오른다. 희망과 기쁨, 슬픔, 좌절, 분노, 이런 단어들이다. 새로 집을 장만했을 때는 희망과 기쁨이 샘솟는다. 하지만 이내 집값이 폭락해 하우스 푸어가 되거나, 폭등으로 벼락거지가 됐을 때는 슬픔과 좌절이 마음을 지배한다. 전세사기로 가지고 있던 소중한 전세 보증금을 강탈당한 피해자들의 좌절과 분노는 그보다 수십, 수백 배 더해 하루하루가 마치 지옥을 오가는 심정일 것이다.

감정의 양 극단에서 서로 대척점을 이루어 결코 한 곳에 담을 수 없을 것 같은 이 단어들이 모두 담기는 대표적인 공간과 장소가 바로 집이다. 우리는 이 집 속에서 이토록 다양한 형태의 감정을 느끼고 경험하면서 살아간다.

집은 물리적 공간으로서의 집과 심리적 장소로서의 집, 이 두 가지 개념으로 설명된다. 물리적 공간으로서 집은 비나 눈보라, 태풍, 폭우,

그리고 추위와 더위 같은 자연 변화로부터 '나'를 지켜주는 공간이다. 그뿐만이 아니다. 범죄 등 다양한 폭력의 위험으로부터도 '나'를 지켜주는 공간이기도 하다. 그래서 집을 잃었다는 것은 위협적인 외부 환경으로부터 자신을 보호할 수 있는 안전지대를 상실했다는 의미이다.

심리적 장소로서의 집은 마치 오랜 여행을 마친 뒤 드디어 집으로 돌아와 휴식을 취할 때의 안도감 같은 정서를 느끼게 해주는 장소이다. 그래서 집을 잃어버린 '나'는 휴식을 영위하지 못한 채 도시 유목민처럼 떠돌게 된다. 다시 말해 언제 끝날지 모르는 불안하고 붕 뜬 삶이 되는 것이다.

물리적 공간으로서 집이 하우스(house)라면, 심리적 장소로서 집은 홈(home)이다. '공간'이라는 물리적인 곳에 개인이나 공동체의 경험, 감정, 의미가 부여된 곳이 바로 '장소'이다. 물리적인 공간인 집에 나와 가족의 경험이 쌓여 기억으로 축적되면 비로소 심리적인 장소로서 집이 된다.

물리적 공간이자 심리적 장소인 집을 상실한 대표적인 계층이 바로 노숙인(homeless)이다. 노숙인은 외부의 위협으로부터 자신을 지켜줄 안전지대가 없을 뿐만 아니라 심리적으로도 마음을 둘 장소를 상실한 사람들이다. 그래서 그들을 무주택자(houseless)라고 부르지 않고 홈리스라고 부르는 것이다.

사회주택은 비영리 주택

현실에서 우리에게 집은 희망보다는 좌절, 분노와 같은 상당히 부정적인 감정을 먼저 떠올리게 한다. 지난 문재인 정부 시기에 집은 벼락거지라는 상실감과 좌절의 이미지였다. 윤석열 정부가 들어서자마자 깡통 전세 문제가 터지고, 관련 피해자가 속출하면서 전세사기가 커다란 사회적 파장을 일으키기 시작했다. 이런 이유들로 인해 오늘날 집은 분노와 불신의 대상으로 전락했고, 몇몇 전세사기 피해자들은 그 좌절과 분노를 이기지 못하고 불행히도 안타까운 선택을 하고야 말았다.

지금의 주택 시장에서는 전세사기 같은 문제가 다시는 안 터진다고 누구도 장담할 수 없다. 물론 전세사기의 피해를 본 피해자들에 대해서는 정책 수단을 총동원해서 긴급하게 구제해야 하겠지만, 그와 동시에 좀 더 근본적인 처방을 만들어 가야 한다. 그 근본적인 처방의 하나로 새로운 집, 사회주택의 필요성이 대두되는 건 그런 배경에서다.

우리나라는 그동안 공공임대주택이라는 이름의 사회주택을 건설하고 공급해 왔다. 그러던 2015년 1월 서울시 사회주택 지원 조례가 만들어진 뒤부터 사회적기업, 협동조합 등의 민간이 참여하는 사회주택이 등장하기 시작했다. 세계적으로 보면 사회주택은 영국이나 네덜란드에서 주로 사용하는 명칭이고, 그 밖의 나라들에서는 각자 사회주택을 부르는 이름들이 다 다르다. 오스트리아는 이윤제한주택

〈유럽 주요 국가별 사회주택 명칭〉

국가	용어	정의
영국	사회주택 (Social Housing)	사회주택은 지방자치단체와 등록된 민간 공급자가 소유하며, 국가 임대료 체제에 따라 목표임대료가 제시됨. 목표 임대료를 따를 경우 지방자치단체 등의 승인 하에 개인도 사회주택을 소유·공급할 수 있음.
네덜란드	사회주택 (Social Housing)	사회주택에 대한 단일한 정의는 없으나, 『헌법』 22조는 적절한 주택의 공급 촉진을 공공 당국의 목적으로 규정하고 있으며, 1901년 제정된 『주택법』은 사회주택 공급 방식에 대한 법률적 틀을 제공함.
프랑스	적정가격주택 (Housing at Moderate Rent, HLM)	국가적으로 통용되는 사회주택에 대한 정의는 없으나, 일반적으로 저렴한 임대주택을 의미하며, 임대인과 공급자에게는 종종 적정가격주택(HLM)의 동의어로 사용됨. 그러나 사회주택이 반드시 임대주택일 필요는 없으며, 사회적 임대주택은 HLM 주택만을 의미하지 않음.
덴마크	공동주택 (Common Housing) 또는 비영리주택 (Not-for-Profit Housing)	사회주택은 사회가족주택, 노인을 위한 사회주택, 청년층을 위한 사회주택이라는 3가지 주거 유형을 집합적으로 지칭하는 용어임. 노인을 위한 사회주택에 돌봄 서비스가 포함된 경우 돌봄 주택으로 지칭함.
독일	주택 촉진 (Housing Promotion)	사회적 목적을 위한 주택을 사회주택으로 칭하지 않음. 부담가능한 주택은 일시적으로 공공의 지원을 받는 주택을 의미함.
오스트리아	이윤제한주택 (Limited-Profit Housing) 또는 인민주택 (People's Housing)	사회주택에 대한 공식적인 정의는 없으나, 주택 시장 밖에서 이루어지는 다양한 형태의 저렴주택 공급은 존재함.

• 출처 : 김난수. (2018). 현장사례를 통해 본 사회주택의 의미와 과제. 새로운사회를여는연구원.에서 재구성 후 인용

(Limited-Profit Housing) 또는 인민주택(People's Housing), 덴마크는 공동주택(Common Housing) 또는 비영리주택(Not-for-Profit Housing), 프랑스는 적정가격주택(Housing at Moderate Rent)으로 부른다.

더디지만 한국도 주거 사다리 역할을 할 새로운 집, 사회주택이 2015년부터 본격적으로 공급되기 시작했다. 사회주택 사업을 하는 혁신가들의 노력 덕분이다.

사회주택을 이끌었던 서울시

한국에서 사회주택을 정책으로 도입하고 선도적인 사업을 추진한 지자체는 서울시였다. 서울시는 2015년 1월 지방자치단체 최초로 『서울시 사회주택 활성화 지원 등에 관한 조례』를 제정해 공포한다. 해당 조례에서 서울시는 사회주택을 "사회경제적 약자를 대상으로 주거 관련 사회적경제 주체에 의해 공급되는 임대주택"으로 정의했다. 그리고 토지임대부 사회주택, 서울시 빈집 프로젝트, 고시원 리모델링형 사회주택 정책을 개발하여 다수의 사회적기업, 협동조합의 사회주택 공급사업을 지원하였다.

서울시가 선도적으로 사회주택 지원 조례를 시행한 이후 여러 지방자치단체가 그것을 모델 삼아 사회주택 지원 조례를 제정하였다. 지자체별로 정리해 보면 다음과 같다.

- 2015. 1. 『서울특별시 사회주택 활성화 지원 등에 관한 조례』
- 2016. 5. 『시흥시 사회주택 지원에 관한 조례』
- 2018.12. 『전주시 주거복지 지원조례』
- 2019. 3. 『부산광역시 중구 사회주택 지원에 관한 조례』
- 2019. 6. 『부산광역시 동구 사회주택 지원에 관한 조례』
- 2019. 6. 『고양시 청년을 위한 사회주택 지원에 관한 조례』
- 2019. 8. 『부산광역시 사회주택 활성화 지원에 관한 조례』
- 2020. 5. 『경기도 사회주택 활성화 지원에 관한 조례』

사회주택은 2015년 43호, 이듬해 325호를 시작으로 꾸준히 공급이 이루어지면서 2023년 3월까지 대략 6,500호 정도가 전국에 공급되었다. 그러다가 오세훈 서울시장의 사회주택 퇴행 정책으로 사회주택의 신규 공급은 중단되었다. 저비용 기본사회의 주춧돌인 사회주택이라는 열차가 그만 멈춰버린 것이다.

사회주택의 교과서 오스트리아 빈

2009년 오스트리아 빈은 10년 연속 '삶의 질이 가장 좋은 도시'로 선정된다. 유럽의 다른 도시들에 비해 절반 수준에 불과한 주거비로 쾌적한 주거환경에서 거주할 수 있다는 이유에서였다. 빈의 물가는 상당히 비싸다. 그런데도 저렴한 주거비를 지불하고 살 수 있는 도시가 된 것은 바로 사회주택 때문이다.

오스트리아 빈의 시민 5명 중 3명은 사회주택에 거주한다. 시민들은 저렴한 임대료에 이사 걱정도 없다 보니 입주자의 만족도가 상당히 높은 주택으로 사회주택을 인식한다. 사회주택의 성공 비결은 미혼모, 고령층, 이민자 등 저소득층에 국한하지 않고, 다양한 계층이 함께 거주하는 사회통합에 있다.

이곳의 사회주택은 중산층과 저소득층 모두에게 개방된 시스템으로 통합되어 있다. 예를 들어 위층은 분양주택으로 시장에서 매매되고 나머지 층은 보조금을 받는 사회주택이지만, 모두 같은 품질이기 때문에 어떤 집이 임대주택인지 알 수 없다. 빈에서는 소득 하위 80%에 속하는 시민이라면 모두 사회주택에 입주할 수 있다.

오스트리아 빈이 사회주택의 선진 도시로 거듭나는 데는 100년에 걸친 축적의 시간이 있었다. 20세기 초 산업화로 인한 주택 부족과 상승하는 주거비 문제를 해결하기 위해 시 정부는 사회주택을 공급했다. 그 대표적인 사회주택이 '카를 마르크스 호프(Karl Marx Hof)'이다. 카를 마르크스 호프는 노동자들의 주거 안정을 위해 1930년 빈 외곽에 건축한 대규모 사회주택으로, 사민당 시 정부의 핵심 프로젝트이자 오늘날 '주거복지 강국' 오스트리아를 상징하는 건축물이다. 여기에는 현재 총 1,382호의 주택에 5,500여 명이 입주해 있다.

빈의 사회주택 재고는 대략 50만 호이다. 이 사회주택의 25%는 시 정부가 직접 운영하고, 75%는 협동조합 등의 사회적 임대인이 맡아서 운영한다. 물론 엄격한 기준과 경쟁을 통해서 시의 재정 투자 여부가 결정되기 때문에 사회주택의 질은 높다.

유럽 도시 중 빈의 평균 임대료는 런던이나 파리의 절반 수준에 불과하다. 반값 임대료가 가능했던 것은 시 정부가 '택지 비축' 제도로 주택을 지을 땅을 확보하고, 사회주택 공급을 꾸준히 늘려왔기 때문이다. 시 정부는 상당한 면적의 토지를 사들여 확보한 후 사회경제기업 등에 매우 저렴한 가격으로 양도하는 토지 정책을 추진한다. 또한 사회경제기업 등이 사회주택 건설 및 공급을 수행하고 관리할 수 있도록 저렴한 자금 조달을 제공한다.

OECD 보고서에 따르면 코로나19 팬데믹 이후 주거비 문제로 여러 나라가 사회주택 투자를 늘리고 있다. 특히 미국, 프랑스, 아일랜드 등 많은 나라들은 오스트리아의 사회주택 모델을 주목하고 있다. 사회주택이 저비용 도시, 기본사회의 기반임을 알았기 때문이다.

전세사기 피해를 치유하는 전협동조합

전세사기 해결사 협동조합

세계 인플레이션은 금리 인상을 불러온다. 한국도 인플레이션의 여파를 피하지 못했고, 금리 인상이라는 처방을 내렸다. 이 금리 인상은 자산 시장의 거품을 꺼트려 특히 주택 시장에 커다란 충격을 주었다. 아파트 가격은 연속적으로 하락했고, 역전세 주택들이 속출했으며, 이는 역대급 전세사기라는 사회적 재난을 불러왔다.

전 세계적으로 유례가 없는 전세 제도를 가진 한국에서 전세 대란과 전세사기는 반복되는 구조적 문제이다. 주택 가격이 오르면 전세 보증금을 지렛대로 삼아 주택을 구매하려는 수요가 많아져, 전셋값도 덩달아 오른다. 임차인들은 전세금 마련에 전전긍긍하고, 언론은 연일 전세 대란이라는 제목 아래 각종 분석과 기사를 쏟아내며 정부에 대책 마련을 요구한다.

반대로 주택 가격이 내리면 전세 보증금이 주택 가격을 넘어가는 역전세 문제가 발생한다. 더 나아가 역전세 보증금을 받아 다시 갭 투자를 하며 주택을 쓸어 담았던 다주택자(일명 빌라왕)들이 전세 보증금을 돌려주지 못하는 상황이 이어진다. 이것이 바로 2022년 하반기와 2023년 상반기에 발생한 전세사기의 본질이다.

협동조합은 공동 소유와 민주적 운영을 통하여 경제적, 사회적, 문화적 필요와 욕구를 이루려는 사람들이 자발적으로 결성한 사회경제기업이다. 협동조합은 영리 기업에 비해 소득의 분배가 공평한 기업이며, 1인 1표의 원칙에 따라 조합원이 주인인 동시에 협동조합의 경영에 조합원이 직접 참여하는 사회경제기업이다. 즉 당사자들이 자신의 문제 해결을 위해 자발적으로 결성하는 경제 조직인 것이다.

특히 주택협동조합은 공동으로 소유되고 민주적으로 운영되는 주택을 공급 및 관리하는 사회경제기업이다. 조합은 안전하고, 경제적이고, 쾌적한 주택을 제공하고 관리하며, 커뮤니티의 필요와 욕구를 충족시키기 위하여 조합원들이 자발적으로 모여 결성한 자주적, 자립적, 자치적인 경제 조직이다.

2023년에 발생한 동탄 지역 전세사기 피해 당사자들도 피해를 스스로 회복하려고 주택협동조합을 결성했다. 이 협동조합이 바로 〈탄탄주택협동조합〉이다.

이번 전세사기 가해자는 경기도 화성시 동탄 일원에서 오피스텔 건물을 총 311채나 소유한 인물이었다. 현재 구속 중인 그는 2020년 무렵부터 전세 보증금을 돌려줄 의사나 능력이 없는데도 불구하고 약 300명의 임차인과 오피스텔에 대한 임대차계약을 체결하여 약 250억 원에 달하는 전세 보증금을 받아 챙겼다. 그러다가 2023년 상반기에 전세사기 문제가 불거졌고, 300여 명의 임차인 중 24명의 전세사기 피해 당사자들은 그해 5월 12일에 협동조합을 창립하여 조합원으로 참여했다. 〈탄탄주택협동조합〉은 '자주적, 자립적, 자치적인 조합 활동을 통하여 전세 피해 문제를 해결하고, 조합원과 세입자들에 대해 안정적인 주거를 제공'하는 주택협동조합이다.

〈탄탄주택협동조합〉의 주요 사업은 주택 임대 사업, 조합원 퇴거 시 사회주택으로 운영, 조합원 교육 등이 있다. 우선 전세사기 피해 주택을 협동조합이 인수하여 주택 임대 사업을 한다. 이후 전세사기 피해 조합원이 이직, 주택 매입, 질병 같은 개인 사정으로 자진 퇴거하면 조합원 거주 오피스텔을 사회주택으로 전환하여 운영한다. 그리고 협동조합이

〈탄탄주택협동조합〉 현황

(조합원) 당사자 조합원 24명, 일반 조합원(창립 발기인) 7명(총 31명)

(협동조합 인수 오피스텔) 당사자 조합원 24명 중 현재 21명이 오피스텔 인수

※ 협동조합 인수 금액 : 2,927,500,000원

(협동조합과 조합원 전세 계약 및 출자금 전환) 협동조합에서 인수 후 조합원과 시세의 90%로 전세 계약, 시세의 10%를 협동조합 출자금으로 전환하여 피해 전세 보증금 평균의 약 93.57% 보전

라면 의무적으로 해야 하는 조합원을 대상으로 하는 교육을 진행한다.

전세사기 피해 조합원 치유를 위한 주요 사업의 구조를 요약하면,

1. 협동조합은 조합원이 전세사기 가해자와 전세 계약을 한 오피스텔을 '소유권 이전' 방식으로 전세사기 가해자에게서 인수한다. 협동조합은 인수한 주택을 장기임대주택(10년)으로 등록하고, 임대주택 사업자가 된다.
2. 협동조합에 가입한 조합원과 시세의 90% 이하로(시세 기준 1순위 KB시세, 2순위 홈택스-공시 지가의 140%) 전세 계약을 신규 체결한다. 시세 기준에 근접하게 전세 계약을 체결하는 이유는 〈주택도시보증공사〉의 전세금반환보험이나 임대보증보험에 가입하는 기준이기 때문이다. 그리고 보증보험에 가입하는 이유는 협동조합의 파산이나 임차 보증금을 반환하지 못하는 사고가 발생하더라도 조

합원들이 전세 보증금을 안전하게 돌려받을 수 있기 때문이다.[29]

3. 협동조합의 조합원이 된 전세사기 피해 당사자들은 협동조합의 주인(조합원)이자 협동조합의 주택을 임차한 세입자라는 이중적 지위를 유지한다. 또한 조합원 임차인(피해 당사자들)은 거주 안정성과 사업 자금 확보 차원에서 계약일로부터 최소 1년은 전세를 유지한다. 단, 결혼이나 질병, 이직 등의 사유로 이주하는 경우 1년간 전세 유지를 하지 않아도 된다.
4. 전세 보증금의 나머지인 시세의 10%는 협동조합 출자금으로 전환한다. 출자금으로 전환된 자금은 확보 시점부터 반전세 형식으로 전환(월세 수입)하여 배당 등으로 반환한다.

사회적경제의 사회혁신 모델

조합에 가입한 전세사기 피해 조합원의 피해 실태를 분석해 정리한 결과 평균 93%까지 피해를 복구할 수 있으며, 이는 『전세사기 피해자 지원 및 주거 안정에 관한 특별법』에 의한 피해 복구보다 효과적이다. 협동조합 방식이 모든 피해를 해결할 수 있는 만능 해법은 아니지만, 동탄 지역 같은 오피스텔에서 발생한 전세사기 피해에 대해서는 유효한 치유 모델이 될 수 있다.

그뿐만 아니라 〈탄탄주택협동조합〉은 개별 사례의 피해 복구를 넘

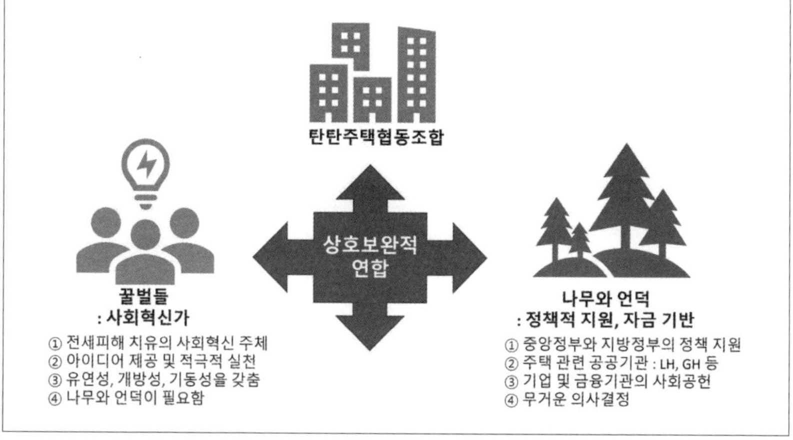

〈사회혁신을 위한 꿀벌과 나무의 연합〉

어 사회적경제 방식의 사회혁신 모델이기도 하다. 첫째, 전세사기 피해 문제에 대해 사회적경제 방식의 해결책을 제공했다. 이는 잔여적 문제가 아닌 핵심 문제를 다루는 사회혁신이라 할 수 있다. 둘째, 엘리트주의를 넘어서는 사회혁신이다. 협동조합이라는 매개체(vehicle)를 통한 피해 당사자들의 자립적, 자주적인 사회혁신 모델이다. 셋째, 꿀벌(사회혁신가)과 나무(정부 조직, 기업 등)의 상호보완적 연합 모델을 추구한다. 꿀벌들은 유연하고 기동성 있게 사회적 재난 현장에 접근하여 재난 피해자들과 소통하고, 신뢰를 구축하며, 해법을 제공한 결과 협동조합을 만들어 냈다. 이에 나무들은 정책적인 지원과 더불어 기업의 사회공헌 예산 등을 통한 자금 지원을 이어가야 한다.

3장

지역을 살리는
새로운 해법

도시재생 뉴딜, 미완의 뉴타운 출구전략

박원순 시장의 뉴타운 출구전략

뉴타운은 이명박 전 대통령이 서울시장이던 시절 은평뉴타운을 지정한 데서부터 시작된 도시 대개조 사업이었다. 뉴타운으로 상징되던 재개발과 재건축 등의 도시정비사업[30]은 집값 상승, 낮은 원주민 재정착률, 세입자 주거권 박탈과 같은 많은 문제를 일으켰다. 이런 시대적 상황에서 2011년 말 박원순 서울시장이 취임했다. 박원순 서울시장에게 도시재생이냐, 재개발·재건축이냐는 선악과를 고르는 선택의 문제가 아니라 뉴타운의 부작용을 해결하라는 시대적 요청에 따른 정책적 선택이었다. 당시 박원순 서울시장은 뉴타운 출구전략의 발표를 앞두고 서울시민에게 진심 어린 사과부터 먼저 건넸다.

“뉴타운·재개발 사업으로 고통받는 시민들께 시정 책임자로서 진심 어린 사과를 드립니다. 그동안 현장을 돌아보니 너무 가슴 아픈 일들이 많았습니다. 되돌릴 수만 있다면 원점으로 되돌리고 싶습니다. 깊은 고뇌와 번민을 했습니다만, 구역마다 진척도나 이해관계가 각기 다르고, 무엇보다 법률적인 한계가 있었습니다. 그래서 많은 사람을 만나 의견을 들었습니다. 법이 허용하는 한 할 수 있는 방안은 다 마련했지만, 모두 다 만족시킬 해법을 찾지 못해 너무 안타까웠습니다. 그러나 끝이 아니라 시작입니다. 서민들의 아픔과 고통이 사라질 때까지 모든 방안을 강구하겠습니다.”

- 박원순 서울시장의 사과문 中에서

박원순 서울시장은 취임하자마자 뉴타운 출구전략의 문을 열었다. 2012년 1월 30일 ‘서울시 뉴타운·정비사업 新정책구상(이하 1.30 수습 방안)’을 발표했는데, 이는 도시정비사업 지역 내 주민들에게 사업에 대한 정확한 정보를 제공함과 동시에 사업 추진 여부를 주민 스스로 판단하도록 하는 것이 핵심이었다. 서울시가 구청과 협력하여 실태 조사를 시행한 후 조사 결과를 주민들에게 제공하고, 주민의 의견을 물은 뒤

〈뉴타운·정비사업 新정책구상 주요 내용〉

1. 실태조사 실시·주민 의견 수렴 후 진로 결정
   - 뉴타운·재개발사업 1,300개 구역 중 사업시행인가 이전 단계에 있는 610개소를 대상으로 하되, 객관적이고 정확한 실태조사 실시 후 주민 의견수렴을 통해 추진과 해제 추진

2. 주민 요청 시 해제 추진
   - 추진 주체가 없는 정비구역 : 구청장이 주민 의견 수렴 결과(조합원 30% 이상 요청 시)를 포함하여 해제를 요청하면 시장은 도시계획위원회의 심의를 거쳐 구역 해제
   - 추진 주체가 있는 정비구역 : 조합원 50% 이상 해산 신청 시 구청장은 추진위원회 승인 또는 조합인가 승인을 취소하고 정비예정구역이나 정비구역 해제를 시장에게 요청하면, 시장은 도시계획위원회의 심의를 거쳐 해제 결정

3. 추진위원회 해산 시 법정 사용 비용 일부 보조 추진

4. 임대주택 공급 확대 등 세입자 주거권 보장

5. 뉴타운 현장에서 발생하는 갈등을 맞춤식으로 해결할 〈주거재생지원센터〉 운영

6. 구역 해제 지역은 사람 중심의 주거재생 사업으로 전환

7. 중·장기적으로 '주거권'을 '인권' 차원에서 다루도록 사회 시스템 구축

사업의 추진 여부를 결정하겠다는 것이었다.

고도성장기 한국의 도시, 특히 서울에서 재개발, 재건축 등의 도시 정비사업은 핵심적인 공간 정책이었다. 도시정비사업은 주거환경 개선과 주택 공급에는 효과적이었으나, 도시빈민의 주거권 박탈이라는 부

작용이 심했다. 또한 공간 및 주택 생태계의 획일화도 문제였다.

특히 2008년 세계 금융 위기와 2009년 용산참사 이후 부동산 시장 침체와 더불어 뉴타운·재개발에 대한 주민 반발이 심각해졌다. 서울시와 경기도를 중심으로 뉴타운 등의 도시정비사업을 반대하는 주민 조직이 늘어났고, 격렬한 저항이 발생했다. 더구나 압축 성장의 상징 도시였던 서울시는 2000년대를 맞이하여 재구조화의 도전에 직면하고 있었다. 시민들은 양적 성장에서 삶의 질 향상으로의 전환을 요구했고, 장애인이나 보행 약자들에게는 폭력적이라 할 수 있는 육교 시설이 철거되는 등 사람 중심의 도시 공간 정책이 본격화되기 시작한다.

도시재생 뉴딜정책

박원순 시장이 문을 연 뉴타운 출구전략은 문재인 정부 들어서 '도시재생 뉴딜정책'으로 확장되었다. 도시재생 뉴딜정책이 전국적으로 확장된 이유는 다음과 같다. 우선 인구 감소로 인한 지방 쇠퇴에 따라 지역재생의 정책적 수요가 증가했다. 그리고 뉴타운 출구전략에 따른 저층 노후 주거지의 주거환경을 개선할 방안이 필요했다. 주거지의 주거환경을 개선하려면 시장(市場)이 아닌 시장(市長, 공공)의 책임과 주도권은 불가피했다. 생활 인프라 개선을 위한 재정 지출과 주거복지, 지역경제 활성화, 돌봄 등 여러 분야를 포괄하는 종합적 접근도 필요했다.

또한 저층 노후 주거지의 주거환경 개선을 소규모 주택정비사업과 연계하여 양질의 서민주택 공급을 확대함으로써 주택 공급과 주거복지 실현을 이루겠다는 목표가 있었다. 소규모 주택정비사업은 가로주택정비사업, 자율주택정비사업, 소규모 재건축사업 등의 유형이 있다. 이 중에서 가로주택정비사업은 노후·불량 건축물이 밀집한 가로 구역에서 종전의 가로를 유지하면서 소규모로 주거환경을 개선하기 위해 시행하는 사업이다. 자율주택정비사업은 노후 단독·다세대 밀집 지역에서 10필지 내외를 통합 개발하여 다양한 저층 주거(다세대, 연립, 저층 아파트)를 조성하는 주민 주도형 주택정비사업이다. 소규모 재건축사업은 정비 기반 시설이 양호한 지역에서 소규모(200세대 미만)로 공동주택을 재건축하기 위한 사업이다.

이를 위해 도시재생 뉴딜사업의 유형을 다섯 가지로 세분화하여 사업을 추진할 수 있도록 정책을 수립했다. 그 다섯 가지 유형은 우리동네살리기, 주거지지원형, 일반근린형, 중심시가지형, 경제기반형이었다.

1. 우리동네살리기 : 마을 내에 도로 등의 기반 시설은 있으나, 주거지 노후화로 활력을 상실한 지역의 주거환경 개선을 추진하는 사업이다. 사업의 주요 내용은 소규모 주택정비사업을 통해 노후 주거지를 정비하고, 마을공동체 회복을 위한 공동이용시설과 생활

〈도시재생 뉴딜사업 유형과 주요 내용〉

구분	주거지재생형		일반근린형	중심시가지형	경제기반형
	우리동네살리기	주거지지원형			
법정 유형	-	근린재생형			도시경제기반형
사업 추진·지원 근거	국가균형발전 특별법	도시재생 활성화 및 지원에 관한 특별법			
활성화 계획 수립 여부	필요시 수립 (기금 활용 등)	수립 필요			
개별사업 시행 근거	개별법령 (소규모주택정비법 등 포함)		개별법령		
평가·선정 주체	광역지방자치단체 (※공기업 제안형은 중앙 정부인 국토부가 평가·선정)			중앙정부(국토부)	
사업 규모	소규모 주거	주거	준주거, 골목상권	상업, 지역상권	산업, 지역경제
대상 지역	소규모 저층 주거밀집지역	저층주거 밀집지역	골목상권+ 주거지	쇠퇴한 원도심	역세권, 산단, 항만 등
기반 시설 설치	주차장, 공동이용시설 등 기초생활인프라		소규모 복합커뮤니티 생활SOC 등	중규모 복합커뮤니티 생활SOC 등	중규모 이상 복합커뮤니티 생활SOC 등
권장 면적	5만㎡ 내외	5~10만㎡ 내외	10~15만㎡ 내외	20만㎡ 내외	50만㎡ 내외
국비+지방비	100억 원	200억 원		300억 원	500억 원

• 출처 : 국토교통부. (2019). 도시재생 뉴딜사업 신청 가이드라인(수정).

편의시설 등을 공급하는 것이다.

2. 주거지지원형 : 정비사업 해제구역 등 주거지 노후화가 심화한 지역을 대상으로 골목길 정비, 주택 개량 등의 전반적인 주거환경을 개선하는 사업이다. 사업의 주요 내용은 원활한 주택 개량을 위

해 골목길 정비와 같은 소규모 주택 정비의 기반을 마련하고, 생활편의시설 공급으로 주거지 전반의 여건을 개선하는 것이다.

3. 일반근린형 : 공동체 회복과 생활밀착형 소상인 보호가 시급한 지역을 대상으로 공동체 활성화와 골목상권 활력을 증진하는 사업이다. 사업의 주요 내용은 주거지와 골목상권이 혼재된 지역을 대상으로 이전·유휴 공공시설(공용청사, 폐교)을 활용한 공동체 거점을 조성하고, 복지·문화 서비스 개선 및 생활밀착형 업종을 지원하는 것이다.

4. 중심시가지형 : 공공 서비스 저하와 상권의 쇠퇴가 심각한 원도심 지역을 대상으로 공공기능 및 상권의 회복과 활력을 증진하는 사업이다. 사업의 주요 내용은 ① 원도심 기능 회복, ② 재래시장 등 상권 경쟁력 강화, ③ 역사·문화·관광 산업 연계, ④ 지자체의 도시 계획적 수단 복합 등이다.

5. 경제기반형 : 국가 또는 도시 차원의 경제적 쇠퇴가 심각한 지역을 대상으로 신(新)경제거점 형성을 통한 일자리를 창출하는 사업이다. 사업의 주요 내용은 노후·유휴 산업 및 경제거점 지역과 주변을 대상으로 공공의 선투자와 민간 투자를 유인해 기반 시설 정비와 복합 앵커시설을 구축하는 것 등이다.

〈윤석열 정부의 도시재생사업 유형〉

	경제재생거점사업	지역특화재생사업
사업 유형 및 대상/목표	- 대상지 : 면 단위 개발이 가능한 원도심 쇠퇴 지역(혁신지구) - 목표 : 쇠퇴 지역에 주거, 업무, 상업 등 도시 기능을 복합개발	- 대상지 : 역사·문화 등 고유 자산의 활용이 가능한 원도심 쇠퇴 지역 - 목표 : 도시 브랜드화를 추진하고, 중심·골목상권을 활성화

그러나 2022년 5월에 출범한 윤석열 정부는 문재인 정부의 도시재생 뉴딜사업 유형 간에 특화된 차이가 없는 점을 들어 비판을 가했다. 그 결과 경제재생과 지역특화재생이라는 두 가지 유형으로 통폐합을 단행한다.

노후 주거지재생 사업은 해외에서는 그 유례를 찾아보기 힘들다. 유럽 등 다른 나라의 도시재생은 주로 쇠퇴한 상권 지역이나 산업 지역을 대상지로 지정해 도시의 활력을 되살리는 사업이다. 노후 주거지재생 사업이 도시재생 뉴딜의 유형(우리동네살리기, 주거지지원형)으로 포함된 이유는 대한민국 도시의 성장과 확장, 재구조화 과정과 밀접한 연관이 있다. 대한민국 도시의 성장 과정에서 공간 정비의 특징은 재개발, 재건축과 같은 전면 철거형 방식의 아파트 건설이 중심이었다. 아파트 건설 방식이 도시의 핵심 정비(재생) 수법이었기 때문에 도시재생사업에서 노후 주거지재생 사업의 대상지로 지정하고 추진하는 유형을 포함한 것이다.

미완의 도시재생 뉴딜

지난 5년간 500여 곳의 도시재생 뉴딜사업 지역이 선정되고, 이 가운데 주거지가 사업 대상인 곳(일반근린형+주거지지원형+우리동네살리기)은 300여 곳에 이른다. 그러나 도시재생 뉴딜사업은 양질의 주택 공급과 주거복지 측면에서 상당히 아쉬운 결과를 보였다.

우선 뉴타운 출구전략의 특성상 해외 사례에서 찾아보기 힘든 주거지 재생 사업을 도입했으나, 정책적, 정비수법적 구분 없이 수복형 재생 방식으로 사업을 추진하여 양질의 주택 공급이 많지 않았다. 서울 등 대도시의 저층 노후 주거지는 소규모 주택정비사업 방식으로, 중소 도시의 주거지 재생은 집수리 사업과 생활 인프라 개선이 중심이어야 했다.

둘째, 국비와 지방비의 지원 금액과 사업 규모의 차이만 있는 다섯 가지 유형 모두 지역별 특성을 찾아보기 힘든 자기복제형 사업으로 획일화되었다. 결국 사업의 유형 구분이라는 의미를 상실했고, 일부 용역업체가 대량으로 생산해 내는 비슷비슷한 '도시재생활성화계획'들이 양산되었다.

셋째, 그 결과 2019년~2021년 주택 가격 폭등기에 벽화 중심의 사업이라는 비난 여론이 폭증했다. 도시재생 사업이 의미 있는 주택 공급 및 주거복지 사례를 제시하지 못했기 때문이다.

이렇듯 도시재생 뉴딜은 뉴타운 출구전략의 대안으로 제시된 정책

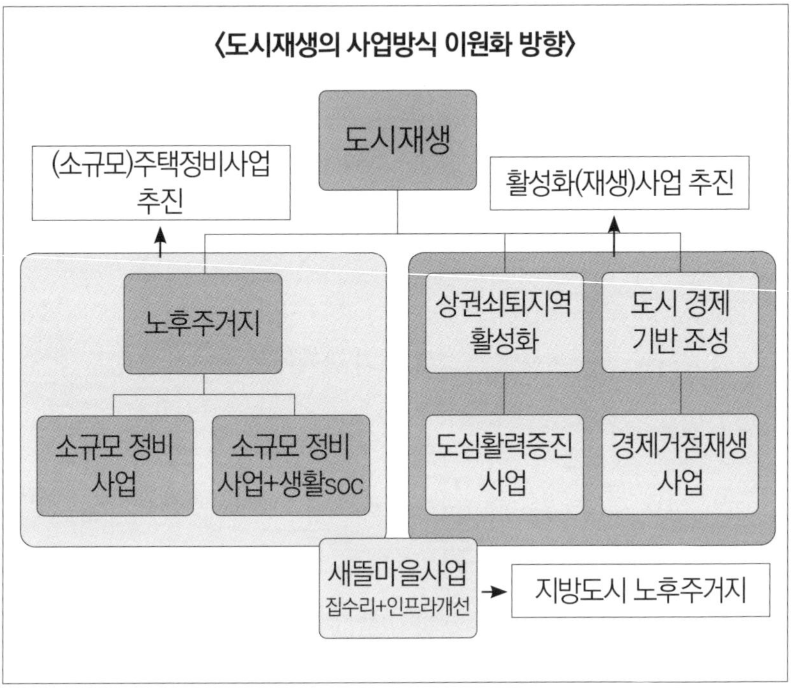

이었지만 성과는 미흡했다. 앞으로 도시재생이 주택 공급과 주거복지 실현의 플랫폼으로 기능을 하려면 소규모 주택정비사업을 과감하게 정책의 플랫폼 안으로 흡수하고, 지원을 아끼지 말아야 한다. 도시재생을 광의의 개념으로 본다면 저층 노후 주거지는 소규모 주택정비사업으로, 중소도시의 상권 쇠퇴 지역은 도시활성화 사업으로 이원화하여 추진해야 한다.

건축 자산을 활용한 지역의 공간재생

마타데로(Matadero)와 아카렌가 소코(赤レンガ倉庫)

코로나19 팬데믹이 맹위를 떨치면서 많은 사람이 바깥 외출을 삼가고 집 안에 머물렀다. 그동안 산업 측면에서는 기업과 소비자, 이용자와 이용자를 서로 연결해 주는 온라인 비즈니스가 전 세계에서 실로 괄목할 만한 성장을 이루었다. 그러나 코로나19의 대유행은 이미 타오르던 불길에 기름을 부은 것일 뿐, 이미 이전부터 온라인 플랫폼 비즈니스의 급성장은 시대적 추세였다.

반면 온라인 플랫폼 비즈니스의 급성장에 가려진 또 다른 얼굴은 재래시장이나 오프라인 상점가의 쇠퇴이다. 온라인 플랫폼 비즈니스가

하루가 다르게 성장할수록 쇠락한 원도심은 더욱 황량한 모습으로 변한다. 당장 중소 도시들을 가보면 원도심 곳곳에 자리한 건물 유리창에 '임대 문의' 안내문을 붙인 채 비어있는 상가와 사무실들을 어렵지 않게 찾아볼 수 있다. 비단 원도심뿐만 아니라 세종특별자치시의 행복도시와 혁신도시들, 그리고 비수도권 도시들의 신시가지 역시도 상가의 공실 문제는 어디서부터 풀어야 할지 모를 골칫거리가 된 지 오래다.

이렇듯 한국의 도시들은 성장기의 변곡점을 지나 이미 쇠퇴기에 접어들었다. 여기에 온라인 플랫폼 비즈니스의 급성장은 지방 도시들의 쇠퇴를 더욱 촉진한다. 그래서 한국도 도시 쇠퇴에 대한 대응으로 도시재생 사업을 국가 정책으로 추진하고 있다. 특히 쇠퇴한 원도심에 대해서는 비어 있는 건축 자산을 중심으로 장소기반형 재생 사업을 진행하고 있다.

해외에는 이런 유휴 공간을 재생해 낸 좋은 사례들이 많다. 폐쇄된 도축장을 재생하여 문화적 장소로 만든 스페인 마드리드의 '마타데로(Matadero)'가 대표적이다. 마타데로 아트 지구는 공연과 전시 미술관이 있는 복합문화센터다. 스페인어로 '마타데로'는 도축장을 뜻한다. 이곳은 1927년부터 1996년까지 가축을 도축해 마드리드 시민들에게 공급하던 공영 도축장이었다. 이후 도시 팽창과 개발로 폐쇄된 뒤 계속 방치되다가 마드리드시가 2007년에 도시재생을 통해 전시와 공연,

휴식 등을 위주로 하는 복합문화시설로 조성해 2011년 14만 8,300㎡ 규모로 정식 개장했다.

마타데로는 연 방문객이 130만여 명을 넘을 만큼 시설도 다양하다. 문화센터, 영화관, 도서관, 소극장, 예술가들의 창작 공간, 사립예술학교(무용, 예술학교), 카페, 식당, 전시관, 방음 시설을 갖춘 음악실 등 이곳에서 종일토록 재미있게 시간을 보낼 수 있을 만큼 콘텐츠가 다양하다. 모든 전시는 무료이다.

일본 요코하마에는 항구에 오가는 화물을 보관하던 창고를 개보수하여 복합문화 공간으로 재창조한 '아카렌가 소코(赤レンガ倉庫)'도 있다. 이곳은 일본 요코하마시에 있는 역사적 건축물로, 건설 당시에는 해상 무역을 통해 오가던 화물을 보관하는 창고였다. 이후 방치되던 이곳을 요코하마시가 매입 후 재생 사업을 통해 요코하마시를 상징하는 장소로 만들었다.

요코하마시가 아카렌가 소코를 매입해 '미나토미라이 21'이라는 도시재생 사업을 통해 공간을 재생하기 시작한 것은 1988년부터였다. 이곳이 정식으로 문을 연 것은 리모델링을 시작한 지 9년 만인 2002년의 일이었다. 이후 꾸준히 재단장 작업을 거친 끝에 오늘날엔 한 해 평균 650만 명의 관광객이 찾는 일본의 대표적인 방문지가 되었다.

아카렌가 소코는 1911년에 준공된 2호관과 1913년에 준공된 1호관이 있는데, 1호관은 갤러리와 홀 등의 문화 시설로 이용되며, 2호관은 라이브 레스토랑과 비어 레스토랑을 비롯해 100여 개의 가게가 있다. 아카렌카는 주기적으로 문화 행사도 개최하는데, 봄마다 열리는 플라워가든과 여름에 열리는 피카츄 축제가 유명하다.

마찬가지로 한국 여러 도시의 쇠퇴한 원도심에도 재생 사업을 통해 활용할 수 있는 건축 자산들이 많다. 그래서 여러 도시에서 폐공장, 관공서, 폐교 등 기능을 상실한 공간을 대상으로 '건축 자산을 활용하는 재생사업'이라 불리는 공간재생 사업을 추진하고 있다. 그 가운데 공공이 주도한 사례로는 전주의 팔복예술공장, 삼례의 삼례문화예술촌, 대전의 테미오래 등이 있고, 민간이 주도한 사례로는 인천 코스모40, 부산 F1963, 강화 조양방직 카페 등이 있다.

앵커 스토어(anchor store)

민간이 주도하는 공간재생 사업은 영리를 목적으로 민간 자본을 투자하기 때문에 성공하거나 실패하거나 온전히 투자자들이 책임지면 된다. 반면 공공이 주도하는 '건축 자산 활용형 재생 사업'은 민간이 주도하는 사업과 달리 영리를 목적으로 하는 다이소, 스타벅스와 같이 죽은 상권도 살린다는 앵커 스토어(anchor store)를 입점시키기 어렵다.

그 이유는 공공 주도의 재생 사업은 지역 관계자들의 다양한 이해를 반영해야 하는 거버넌스 구조이기 때문이다. 예를 들어 지역 내 로컬 카페가 운영된다면 건축 자산을 재생한 유휴 공간에 스타벅스 같은 프랜차이즈 카페를 입점시킬 수 없다. 서울 같은 대도시야 문제가 없겠지만, 지방 도시들의 수요는 빤하기 때문이다.

게다가 공공이 공간재생 사업을 할 만한 건축 자산은 대부분 입지적 약점을 가지고 있다. 배후 주거지가 빈약해 주민들이 찾아오기 어렵거나, 시민들의 이동 동선으로부터 멀리 벗어난 외곽에 자리 잡은 경우가 많다. 즉 '재방문'이 어려운 위치에 있다는 것이다. 또한 공공이 주도하는 '건축 자산 활용형 재생 사업'은 마중물 사업으로 선투자되기 때문에 주변에 연계할 만한 매력적인 장소가 없다.

전주의 팔복예술공장이 그 대표적인 사례이다. 팔복예술공장의 전신은 카세트테이프를 만들던 공장이었다. 《㈜쏘렉스》는 1979년부터 1990년까지 이 팔복동 공장에서 카세트테이프를 생산했다. 그러나 시대의 흐름에 밀려난 카세트테이프 공장은 폐업 후 무려 25년 동안 방치됐다. 그러다가 황량하던 폐공장에 '문화재생'의 옷을 입혀 팔복예술공장이 탄생했다. 문화 공간으로 탈바꿈한 이 폐공장은 전주라는 도시에 새로운 매력을 더해 준다.

팔복예술공장은 약점도 지녔다. 그것은 전주를 방문하는 사람들이 이곳까지 가기가 쉽지 않다는 점이다. 우선 전주역에서 팔복예술공장을 가려면 버스를 타고 40분을 가야 한다. 한 번에 가는 버스 노선이 없어 중간에 다른 버스로 갈아타는 수고도 여행의 일부로 받아들여야 한다. 전주한옥마을에서 가려 해도 40분가량 버스로 이동해야 한다. 전주시 핵심 관광지인 한옥마을, 동문거리, 남부시장은 도보로 이동할 수 있지만, 팔복예술공장은 그와 동떨어져 있다. 더구나 팔복예술공장에서 도보로 닿을 수 있는 거리에 연계할 만한 매력적인 장소가 없다는 것도 약점이다. 이런 이유가 관광객들이 이곳의 방문을 꺼리게 만드는 요인이 된다.

그렇다고 민간 주도 사업처럼 영리를 최우선 순위에 두고 운영할 수도 없는 노릇이다. 다른 한편으로 지속 가능성을 생각하면 지방자치단체의 재정으로 근근이 유지해 나가는 것도 바람직하지 않다. 공공성과 지속성, 수익성을 동시에 고민하지 않을 수 없는 것이다.

따라서 주민 참여의 원칙을 유지하되 영리적 목적성을 추구함으로써 지속성을 담보할 수 있는 구조를 결합해야 한다. 이를 위해서는 '주민 참여형 비즈니스 모델'이 하나의 대안이 될 수 있다. 이는 영리 주도의 공간 비즈니스 못지않게 고객이 참여하여 경쟁력을 가질 수 있는 모델이다.

로컬 DNA

중소 도시는 인적, 물적, 금융과 같이 동원할 수 있는 자원이 서울 등 대도시에 비해 매우 부족하므로 섣부른 대규모 복합화 전략은 위험하다. 즉 동원할 수 있는 자원과 지역사회의 역량 등을 고려할 때 대도시에서 하는 '다양한 실험'을 하기는 어렵다는 것이다. 따라서 지역의 DNA를 뽑아내어 상징화할 수 있는 핵심 콘텐츠가 무엇인지 잘 파악하고 발굴해 내는 게 핵심이다.

실제로 지역의 DNA를 뽑아내어 상징화한 사례로는 대구 북성로 프로젝트가 있다. 대구시 중구 북성로는 1907년 대구읍성이 헐리면서 만들어진 거리이다. 당시 모도마치(元町, 원정)라 불린 북성로는 양복점과 기모노 상점, 술집, 목재회사, 건축회사 등이 들어선 대구의 핵심 상권이었다. 1980년대에는 공구상과 공업사가 가득한 전국 최대의 산업공구 골목으로 가장 번성한 시기를 보냈다. 하지만 이후 북성로의 시간은 멈췄다. 도심공동화 현상으로 북성로는 상권이 쇠퇴한 거리가 되었다.

대구에서 활동하던 〈사단법인 시간과공간연구소〉가 시작한 '북성로의 재발견'은 북성로의 DNA인 건축 자산을 활용한 지역재생 프로젝트였다. 그 첫 프로젝트가 삼덕상회의 공간재생이었다. 삼덕상회는 북성로를 상징하는 가게다. 1953년 '철원상회'라는 이름으로 문을 연

이후 삼덕상회로 가게 이름을 바꾸고 공구를 팔아온 유서 깊은 공간이었다.

2011년 10월 '근대 건축물의 복원'이라는 목표를 이루기 위해 행정의 지원 없이 민간의 힘만으로 9,000만 원이라는 돈을 모아서 수년간 버려져 있던 근대 건축물인 삼덕상회를 재생하여 북성로의 앵커 스토어로 탈바꿈시켰다. 삼덕상회는 'cafe 삼덕상회'로 다시 태어났다.

삼덕상회를 시작으로 북성로 건축 자산의 재생이 본격화된다. 두 곳의 근대 건축물이 재생되는데, 바로 공구박물관과 북성로허브다. 이중 공구박물관은 북성로의 기술자, 공구상 사장, 스태프들의 인터뷰, 공구, 기계 등을 모두 모아낸 '북성로 아카이빙'의 거점으로 조성되었다.

리테일 아포칼립스와 중소 도시 상권 살리기

어려운 중소 도시 상권 활성화

바야흐로 리테일 아포칼립스(Retail Apocalypse)다. 소비자들의 소비 패턴이 변했다. 오프라인 소비가 줄어들고, 온라인 소비가 늘어났다. 재래시장이나 소규모 슈퍼마켓 같은 오프라인 소매점에는 대재앙이다. 리테일 아포칼립스는 소매를 의미하는 리테일과 종말을 의미하는 아포칼립스의 합성어로 오프라인 소매 시장의 종말을 의미한다.

리테일 아포칼립스는 중소 도시로 갈수록 심각해진다. 중소 도시의 오래된 상가나 재래시장 중에서는 완전히 활력을 잃고 명맥만 유지하는 곳이 한둘이 아니다. 소비자들이 외면하기 때문이다. 물론 쿠팡, 네

이버쇼핑 등 온라인 플랫폼 비즈니스가 초호황을 누리는 가운데서도 북적거리며 장사가 잘되고, 상권의 활력이 넘치는 곳도 없지는 않다. 하지만 다수의 재래시장과 원도심 상가는 침체의 일로를 걷고 있다. 왜 이곳은 소비자들이 등을 돌릴까?

특히 재래시장에서 리테일 아포칼립스 현상을 놓고 원인을 찾는 소비자와 상인의 시선은 서로 다른 방향을 향한다. 상인들은 주로 주차장 부족과 같은 하드웨어적인 부분이 노후되어 있어서 소비자들이 안 온다고 말한다.

반면 소비자들은 미흡한 원산지 표기, 비위생적인 진열, 상인의 불친절한 태도 등등의 소프트웨어적인 이유로 방문을 주저하게 된다고 말한다. 재래시장 현대화와 상인들의 인식 전환으로 많이 개선되긴 했지만, 중국산 소금을 국산 천일염으로 포대갈이하는 일 등이 종종 일어나서 원산지 표기에 대한 소비자들의 불신은 여전하다. 제품의 진열 또한 먼지 등에 노출된 경우가 많다. 그리고 다양한 자영업자들이 영업하다 보니 일부의 불친절이 재래시장 전체의 불친절한 이미지로 확대되곤 한다.

소비자들은 재래시장에 갈만한 매력적인 앵커 스토어가 없다고 한다. 앵커 스토어는 재래시장이나 원도심 상가, 대형 쇼핑몰에 손님을 끌어들이는 유명 상점을 가리킨다. 어떤 상권을 대표하는 상징 점포나

〈코로나19 팬데믹 이후 중소도시 중심 시가지 상권 쇠퇴의 이유〉

물리적 여건 변화에 따른 상권 침체	소비환경의 변화에 따른 상권 침체	코로나19 팬데믹에 따른 변화
인구 감소, 저출생으로 인한 지역 쇠퇴 재래시장의 경쟁력 약화	MZ세대가 주요 소비층으로 등장 온라인 중심의 소비환경 변화와 유통채널의 다각화	비대면 문화 확대와 사회적 고립 심화 '혼'문화(혼술, 혼밥, 혼여행 등) 확산

대형 상가의 중심이 되는 핵심 점포이다. 대형 쇼핑몰에 대형 마트나 스타벅스를 앞다퉈 유치하는 이유도 여기에 있다. 실제로 스타벅스가 입점한 건물에 사람이 몰리는 '스타벅스 효과'까지 생겼다.

하지만 근본적으로 중소 도시의 원도심 상가와 재래시장 상권 침체의 원인은 인구 감소로 인한 지역의 쇠퇴와 연관이 있다. 여기에 소비 동향의 변화, 코로나19 팬데믹 이후 더욱 심화하는 비대면 중심의 온라인 쇼핑의 보편화, '편세권'이라는 신조어로 상징되는 1~2인 가구 맞춤형 편의점의 확산 등 다양한 유통 구조의 변화가 맞물려 있다. 이에 비해 해당 상권 지역 상인들의 운영 방식은 유행과 소비를 주도하는 MZ세대의 라이프스타일과 너무나도 동떨어져 있다.

휴먼 스케일

중소 도시의 중심 시가지는 장소성, 휴먼 스케일(human scale), 우수한 접근성이라는 장점을 가지고 있다. 이러한 장점들이 쇠퇴한 상권을 살리는 마중물(자산)이다.

공간(space)과 장소(place)는 서로 다른 개념이다. 공간은 물리적인 성격을 가진다. 장소는 문화, 역사, 개인적인 기억, 지역의 커뮤니티가 녹아 있는 맥락을 가진다. 즉 장소는 의미가 부여된 공간을 말하며, 장소성은 물리적인 공간에 사람들의 다양한 체험과 역사적, 문화적 의미가 더해져 형성된 집단의식이다.

도시의 중심 시가지에는 그와 같은 깊고 오랜 '장소성'이 고스란히 녹아들어 있다. 물리적 상징성과 시민들의 기억(추억), 역사성과 맞물려 지역의 상징적인 랜드마크로서의 장소성을 지닌 중심 상권 지역에 스토리와 매력을 덧칠하는 작업이 바로 도시재생이며, 상권 활성화이다.

한편 '휴먼 스케일'은 걷고 싶은 거리, 다시 찾아오고 싶은 거리가 갖춰야 할 조건 중의 하나다. 중소 도시의 중심 시가지는 일반적으로 도로와 주변 건물 크기가 방문객이 걸어 다니기에 딱 알맞아 심적으로 편안함을 안겨 준다. 그곳을 찾는 사람에게 과하지도, 부족하지도 않을 만큼의 적당한 거리와 규모, 다시 말해 '스케일'을 가지고 있다.

누구나 쉽게 걸어서 평소 들르고 싶었던 가게를 찾아올 수 있다는 것은 오프라인 소비의 핵심이기도 하다. 그래서 걷고 싶은 거리의 조성은 상권 활성화의 기본이다. 거기에 덧붙여 중소 도시의 원도심은 보통 도시 내에서도 교통의 사통팔달 지역에 있어 방문객의 접근성이 좋다.

지역 매니지먼트와 브랜드 파워

중소 도시의 원도심 상가나 재래시장은 상품과 서비스 판매자, 이용자가 모두 모이는 플랫폼(platform)이다. 그 때문에 시설 현대화 사업에 치중하기보다 장소성을 키우는 '브랜드 파워(brand power)' 구축이 필요하다. 지역 내 재래시장이나 원도심이 브랜드 파워가 있으면 방문객이 재방문할 확률이 그만큼 높아진다.

특히 재래시장은 '시장 이름' 자체가 브랜드 파워가 있다. 동대문시장, 남대문시장, 전주 남부시장, 광주 양동시장, 대구 서문시장, 부산 자갈치시장, 포항 죽도시장 등은 한국인이라면 누구나 한 번쯤은 들어본 브랜드다. 이는 재래시장에만 국한된 이야기는 아니다. 원도심 상가도 나름의 브랜드 파워를 지니고 있다. 대구의 북성로, 인천 부평역 지하상가 쇼핑몰, 인천 개항로, 수원 통닭거리 등이 그 사례이다.

그뿐만 아니라 시장이라는 플랫폼에 장소성 마케팅으로 브랜드 파워를 성공시킨 곳도 있다. 서울 종로의 통인시장, 광주의 1913송정역시장 등이 그러한 재생 사업의 모범 사례이다.

브랜드 파워를 키우려면 소비자인 방문객들을 불러들이는 앵커 스토어를 유치하고 육성하는 데 시간과 재원, 노력을 아끼지 말아야 한다. 기존 상인들이 운영하는 가게를 핵심 점포로 육성하는 것도 필요하지만, 1913송정역시장의 사례에서 보듯이 청년 상인들의 창업을 유도하여 청년 상점을 핵심 점포로 하는 로컬-앵커 스토어 전략을 써야 한다. 가게를 창업하는 청년들이 창조성을 지역에 뿌리내리는 지역 혁신가이기 때문이다.

그리고 커뮤니티와 앵커 스토어 중심의 플랫폼으로 변화하기 위해서는 지역경영이라는 관리 기법을 도입해야 한다. 지역경영, 즉 에어리어 매니지먼트(Area Management)[31]의 경영 방식 중 하나가 창업 초기에 다른 상점들과 협업이 어려운 예비 창업인을 지원하여 일정 구역에서 창업인들을 관리하는 것이다. 이와 관련해서는 군산시 도시재생 지역인 영화시장의 '영화타운' 사례가 있다.

군산시 '영화시장 프로젝트'는 2019년부터 시작됐다. 이 프로젝트는 영화시장 내 빈 점포들을 창업자와 매칭해서 재래시장 활성화를 추진하는 사업이다. 영화시장 프로젝트는 지역경영 회사 〈지방〉의 주도로 진행됐다. 〈지방〉은 '영화타운'이라는 이름을 붙이고, 새로운 콘텐츠와 가게를 입점시키면서 낡고 어두웠던 골목시장에 활력을 불어넣었다. 영화타운을 시작으로 오래된 군산의 곳곳을 새로운 콘텐츠로 채워가고 있다.

또한 쇠퇴한 지방 상권을 되살리려면 사회혁신가를 지역으로 초대해야 한다. 지역의 사회혁신가는 창의적인 소상공인을 의미한다. 이들은 카페, 공방, 독립서점 등 장소성을 가진 분야뿐만 아니라 디자인, 문화 사업까지 다분야에서 활동하는 창조 계급이다. 지역혁신가들은 임대료가 낮으면서 접근이 쉬운 골목 등에서 주로 창업을 하는데, 이들이 모인 상점가는 지역의 브랜드 파워를 키워 고객이 모이는 장소가 된다.

근본적으로 중소 도시 상가가 활력을 가지려면 방문객들과 소통하고 교류하는 상권 지역으로 탈바꿈해야 한다. 노후하고 한물간 지역이라는 프레임에서 벗어나 새로운 가치와 체험을 공유하는 커뮤니티의 장으로 재구성해야 한다. 여기에 소통을 통해 상호 신뢰를 쌓아가며 사회적 자본을 강화해 주는 매력적인 장소로 재창조의 길을 깔아 보자. 이를 위해서는 상권의 활력을 도모할 사업단을 조직하여 사회, 경제, 문화, 예술, 교육, 복지 등의 다양한 기획을 추진하면 된다.

단, 기본은 지켜야 한다는 걸 명심해야 한다. 시대가 변하여 새로운 의미를 부여하고 콘텐츠를 강화하는 등의 다양한 시도를 하는 것은 좋지만, 그럼에도 기본은 흔들리지 않아야 한다. 원도심 상가와 재래시장이 가지고 있는 본연의 매력은 저렴하고 신선한 먹거리를 제공하는 것과 상인의 정이라는 한국 고유의 정서가 소통되는 공간이라는 점이다. 이는 변하지 않고 오히려 강화되어야 하는 기본임을 잊지 말아야 할 것이다.

로컬 크리에이터와 지역의 사회혁신

사회혁신가 또는 로컬 크리에이터

사회혁신은 사회 문제를 새로운 아이디어나 방법으로 해결하는 활동이며, 사회를 혁신하는 동시에 사회적인 방식으로 혁신하는 것을 의미한다. 사회혁신은 시민운동, 사회적경제, 마을공동체, 도시재생, 주민자치, 임팩트 투자 등 새롭게 등장한 협력적 거버넌스의 분야와 주체들을 포괄한다. 그리고 새로운 주체들이 사회혁신을 시도하는 장소가 바로 지역(local)이다.

최근 들어 쇠퇴한 지역에 활력을 흐르게 하는 핵심 인재로서 사회혁신가 또는 로컬 크리에이터(Local Creator)[32]를 자처하는 일군의 사람

〈사회혁신의 분야〉

<table>
<tr><th>분야</th><th colspan="2">주요 내용</th></tr>
<tr><td>인구 감소</td><td colspan="2">연금, 돌봄, 도시재생, 관계인구, 지역활성화 등</td></tr>
<tr><td>기후 위기</td><td colspan="2">재생에너지, 건축물 에너지 효율, 모빌리티, 도시계획, 주택 등</td></tr>
<tr><td>균형 발전/
지방 소멸</td><td colspan="2">수도권 집중, 대학 소멸, 지역경제활성화, 도시재생, 관계인구, 빈집 등</td></tr>
<tr><td rowspan="3">불평등</td><td>주거</td><td>협동조합주택, 사회주택, 에너지와 주택 등</td></tr>
<tr><td>교육</td><td>서울-지방 간 교육 불평등, 의대 집중 현상 등</td></tr>
<tr><td>의료</td><td>만성질환 의료비, (물질+비물질) 중독 문제 등</td></tr>
</table>

들이 곳곳에서 활약하고 있다. 이들은 '지역성과 결합된 고유의 콘텐츠로 새로운 가치를 창출하고, 지역 정체성을 강화하는 창의적인 혁신가'라고 정의할 수 있겠다. 이들은 사회적 도전에 대한 혁신적인 방법을 고안하고 이를 실천하는 개인으로서, 현장의 문제를 문장(기획)으로 재설계하여 문제 해결을 추진하는 모험가이다. 잘 알려진 사회혁신가 사례로는 라나크의 방직공장과 마을공동체 모델을 만든 로버트 오언(Robert Owen)과 참여연대, 아름다운재단, 희망제작소 등의 활동을 주도한 박원순 전 서울시장이 있다.

사회혁신가들이 활동하는 분야는 꽤 다양하다. 건축, 디자인, 카페, 공간 기획, 빈집, 독립서점, 숙박, 문화기획 등의 비즈니스 모델로 지역 사회에 혁신과 활력을 불어넣는다. 이쯤 되면 그 '실체'를 외면하려야 외면하기 어렵다. 이들의 활동은 비단 특정 지역에만 머무르지 않고,

지역과 지역, 도시와 도시를 연결하고 있다. 이들의 네트워킹 활동은 페이스북 등의 SNS에서 쉽게 확인할 수 있다. 사회혁신에 관심을 가진 사람치고 지역(Local)을 새롭게 창조하는 사람(Creator)인 이들에 대해 매력적인 창조 계급이라 부르기를 주저하는 이는 없을 것이다.

무엇을 만드는 사람인가

그렇다면 이 대목에서 근본적인 질문을 하나 던져보자.

"이들은 지역사회에서 무.엇.을. 어.떻.게. 창의적으로 만들어가는 사람들일까?"

이는 창조 계급으로 '등장'한 그들의 '실체'를 부정하는 질문이 아니다. '무엇을, 어떻게' 창의적으로 만들어 지역사회의 혁신과 지역재생을 도모하느냐에 대해 묻는 것이다. 그들은 과연 '무엇을 어떻게' 해결하기 위해 지역과 창조성(창조적인 사람)을 묶어내려 그토록 애쓰는 것일까?

이 물음에 대해서는 다양한 답변이 가능하고, 그 내용이 충분히 예측되기도 한다. 먼저 '무엇을'이란 질문에 대한 답으로는 '지역사회' 또는 '쇠퇴 도시'의 활력 제고, 사회 문제의 해결을 통한 사회혁신을 들 수 있다. 혁신가들의 창의적 비즈니스는 지역사회의 문제 해결을 통한 지역 혁신으로 귀결될 것이고, 그 방식은 '창조적(creative)'이면서도 '혁신(innovation)'을 지향한다.

그런데 이 지점에서 한 가지 짚고 넘어갈 부분이 있다. 현재 지역에서 비즈니스를 하는 로컬 크리에이터의 주요 모델은 대도시에서 활동하는 크리에이터들이 선택하는 비즈니스 모델의 모방에 가깝다는 사실이다. 이들은 대도시의 모델을 지역에 복제하여 확장 전략을 쓰고 있다. 여러 중소 도시에서 이들이 대표선수로 나서서 '자기 복제품'을 지역에 착근시키고 있다. 하지만 서울 같은 대도시를 무대로 창의적인 비즈니스 활동을 하는 크리에이터는 글로벌 크리에이터이지, 지역혁신가라 인식하기는 어렵다.

물론 크리에이터를 특정 지역에 갇힌 존재로 이해하고 싶지는 않다. 크리에이터를 이야기하면서 지역만 강조한다면 '갈라파고스 신드롬'에 빠져 자신만의 표준을 고집하며 고립될 수 있기 때문이다. 갈라파고스 신드롬은 국제 표준이나 세계 시장의 변화를 고려하지 않고, 자신들의 양식이나 기술만 고수하다가 세계 시장에서 고립되는 현상을 말한다.

어떻게 만드는 사람인가

다음으로 '어떻게'라는 질문에 있어서는, 일단 지역혁신가는 지역사회가 가진 문제를 해결하는 사람들이다. 이를 위해 크리에이티브한 옷을 입고, 지역성과 결합한 콘텐츠의 원석인 지역의 DNA를 창의적으로 뽑아내어 지역의 상징이 되는 상품, 조직, 공간, 사람 등을 생산, 유통한다.

우리가 알던 중소 도시는 이제 그다지 낭만적인 장소가 아니다. 인구는 감소하고, 어린아이는 찾아보기 힘들어지고, 먹고사는 게 날로 힘겨워지는 등 갈수록 쇠퇴일로에 접어들고 있다. 또한 중소 도시들은 개방성이 낮고, 다양성을 관용하지 않으며, 연고주의와 위계질서가 여전히 강한 곳들이 많다.

사회혁신가들의 활동이 아직은 중소 도시들의 혁신과 변화로 이어지고 있지는 않다. 혁신가들의 역량만으로 지역사회의 변화를 추동하기란 쉽지 않다. 그래서 사회혁신 생태계의 조성이 중요하다. 지역의 사회혁신은 새로운 사회적 비즈니스 모델. 기술. 제도를 도입하여 새로운 생태계를 만들어 냄으로써 이뤄낼 수 있다. 이를 위해 지역의 자원과 잠재력을 파악하고 활용하는 사회혁신가의 육성이 필요하다. 영국 프레스턴시의 사례에서 보듯이 이미 사회혁신이 지역 간 경쟁을 강화하고 발전의 지속성을 확보하는 데 중요한 역할을 하고 있다.

영국 북부의 작고 쇠락한 산업 도시 프레스턴은 전형적인 쇠퇴 도시였다. 그러나 시의회 의장인 매튜 브라운이 중심이 돼 추진한 사회혁신 활동으로 높은 빈곤율과 자살률을 보이던 이 지역의 경제를 되살렸다. 시 정부는 공공 조달(물품 및 서비스 구매)의 지역 내 시행, 노동자

협동조합 육성, 사회주택 공급 등을 통해 지역에서 만들어진 부가 외부로 유출되지 않고 지역 내에서 순환하도록 만들었다. 지역의 자원과 시민들의 힘을 바탕으로 사회혁신을 이뤄낸 것이다.

지역을 재생하는 회사

지역재생회사는 새로운 공공

우리의 도시는 성장 동력을 상실했다. 성장 동력을 상실했다는 건 지역이 늙고 병들었다는 것을 의미한다. 바야흐로 우리의 아픈 도시를 되살리기 위해 '회복과 치유'가 절실히 필요한 시기다.

지역 쇠퇴라는 위기 상황에서 회복과 치유를 위한 '처방전'은 무엇일까? 그건 '시민에 의한 마을만들기'여야 한다. 시민들의 주도로 공동체의 회복과 장소 만들기, 시민 자산화, 원도심 상점가 활력 증진과 같은 다양한 도시만들기 사업을 계획하여 제안하고 실행하는 것이 '회복과 치유의 해법'이다.

그리고 쇠퇴한 도시의 회복과 치유를 위한 해법의 중요한 두 가지 실행 도구(tool)가 바로 지역재생과 사회적경제이다. 이번 절에서는 지속 가능한 '시민에 의한 마을만들기'를 위한 지역재생과 사회적경제의 연계 방안에 관해 기술하고자 한다.

근대적 의미의 행정은 물리적 규제와 재정적 지원 및 조직 내 엄격한 업무 분담으로 규정된다. 행정은 결코 이 선(line)을 넘지 않았다. 그러나 현대 사회는 선을 넘나드는 새로운 공공(the new public)과 공공 서비스(the new public service)를 요구한다.

새로운 공공 서비스는 공무원이 시민에게 제공하는 서비스가 아니라 민간의 참여가 기반이 되는 서비스이다. 공무원들만의 공공 서비스를 넘어 사회 문제를 풀어가고자 하는 다양한 이해관계자들의 폭넓은 참여와 그 참여에 의한 서비스인 것이다. 지역재생에서도 새로운 공공이 등장하여 활동 중으로, 지역재생회사가 그 주인공이다.

지역재생회사(Community Regeneration Corporation)는 '지속 가능한 지역재생을 책임지는 경제 조직'이다. 이를 설립해 운영하고자 하면 반드시 협동조합이어야만 할 필요는 없다. 지역재생회사는 협동조합, 주식회사, 유한회사 등의 영리 법인으로 설립할 수도 있고, 사단 법인이나 사회적협동조합 같은 비영리 법인으로도 설립할 수 있다.

이 회사는 지역재생을 통해 구축된 지역 자산의 관리 운영, 지역의 자원·자산·자본을 활용한 사업의 발굴, 일자리 창출, 지역에서 필요로 하는 사회 서비스의 발굴 및 운영, 지역 내 다양한 사업 간 관리 등의 역할을 하는 지역 기반의 경제 조직이다. 공공 주차장, 사회주택, 상가 등의 관리와 개발에서 위탁 운영까지 할 수 있는 사회적 부동산 개발 기업인 것이다. 이 새로운 공공이 할 수 있는 사업 분야를 나열하면, ▲어르신 돌봄 및 육아 ▲지역 매니지먼트 ▲창업 지원 ▲공원, 커뮤니티 시설, 가로 유지 관리 및 임대 운영 ▲사회주택 공급 및 운영, 수리 등이 있다.

국토교통부는 지역재생회사의 역할을 하는 마을관리협동조합으로 인증을 받기 위해서는 사회적협동조합으로만 신청하라고 한다. 2022년 5월 기준으로 107곳이나 설립된 마을관리협동조합은 ▲열악한 자본금 및 규모의 영세성 ▲비즈니스 모델의 경영 전문성 부족 ▲상품 개발 미흡 및 판로에 대한 마케팅 부족 ▲경영이나 인사 등의 조직 관리 미숙 ▲정보와 네트워크 역량 부족과 같은 상황에 부닥쳐 있다. 그래서 정부의 지원 없이는 현상 유지가 어려운 협동조합만 양산한 것은 아닌지 우려스러울 따름이다.

특히 지난 문재인 정부는 5년 임기 동안 주민 중심의 재생 사업을 표방하며 주민 역량 교육과 마을관리협동조합 인증, 국토교통형 예비

사회적기업 지정 등 여러 사업을 벌였지만, 결과는 기대 이하였다. 민간의 낮은 전문성과 미약한 지역 역량 문제를 해결하지 못했기 때문이다. 더구나 행정의 경직성과 지역의 비포용성 등으로 창의적인 인력(인적 자원)의 등장과 실력을 갖춘 기업의 참여가 어려웠다.

지역재생은 사회적경제를 담는 플랫폼

사회적경제는 공동체 구성원의 공동 이익과 사회적 가치의 실현을 위해 호혜협력과 연대를 바탕으로 수행하는 모든 경제적 활동이다. 또한 사회경제기업은 사회적 가치를 추구하면서 재화 및 용역의 구매, 생산, 판매, 소비 등의 영업 활동을 하는 경제 조직이다. 사회경제기업은 사회적 가치를 추구하기에 사회적 목적을 갖춘 비즈니스 모델을 그 수단으로 하는데, 이는 수익의 재투자, 즉 영업 이익을 사회적 목적 실현에 재투자하여 사회적 가치의 실현을 이루기 위함이다.

한국 정부는 각 부처마다 지역의 활력을 증진하기 위한 플랫폼 사업을 정책으로 추진하고 있다. 그중 대표적인 플랫폼 사업이 바로 국토교통부의 도시재생과 해양수산부의 어촌신활력증진정책이다.

이중 국토교통부가 추진하는 도시재생 플랫폼은 돌봄, 교육, 주거복지, 청년 창업 등 다양한 분야의 사업을 담을 수 있다. 도시재생이 필요한 지역의 주요 쇠퇴 요인이 청년 인구의 유출이라면, 사회주택 등의 주거와 청년 일자리를 핵심 해법으로 담을 수 있다. 마을의 안전 문제 해결과 집수리 등이 필요하다면, 또 거기에 맞는 관련 해법을 핵심적으로 담아내면 된다.

이렇듯 지역재생 사업은 도시의 다양한 쇠퇴 요인을 치유하는 사업을 담아서 쇠퇴 지역을 회복시키는 플랫폼이다. 이 플랫폼에 사회적경제도 담아낼 수 있으며, 사회적경제는 이 플랫폼을 활용하면 된다.

또한 지역재생은 플랫폼 역할을 하는 다양한 분야의 융복합 사업이기도 하다. 따라서 여러 분야와의 협력은 필수적이다. 특히 지역의 쇠퇴를 만회하는 걸 넘어 지속 가능한 지역으로 만들려면 공동체와 사회적경제 기반의 지역재생으로 변해야 한다.

지역재생에 있어서 사회경제기업의 역할은 다음과 같다. 협동조합이나 사회적기업, 마을기업 등의 사회경제기업은 지역사회의 욕구를 해결할 수 있는 최적화된 경제 조직이다. 또한 주민들은 지역 문제를 해결하기 위한 경제 조직의 구성과 비즈니스 경험이 부족한데, 사회경제기업은 이를 훈련하고 실천할 수 있는 좋은 수단이 된다. 이외에도 지역에 부족한 사회 서비스를 제공하고, 일자리 창출과 공동체 회복 등의 역할을 한다.

지속 가능한 지역재생 지원 방안

1. 안정적이고 고정적인 수익 모델 지원

우리나라는 국공립 어린이집, 놀이터, 공원 같은 공공 공간이나 공영 주차장, 사회주택 등을 지역재생회사가 운영하여 안정적인 수익 모델로 삼기에는 아직 관련 정책이 미흡하다.

국토교통부는 '마을관리협동조합 공공지원 가이드라인'에서 "지자체가 도시재생 사업지 내 공영 주차장 등 기초 생활 인프라의 운영·관리를 마을조합에 위탁(수의 계약 및 전문 업체와의 컨소시엄)하고, 운영·관리 경비를 지원"할 것을 권고하고 있으나, 이 권고 사항을 실행할 의지가 큰 지방자치단체는 많지 않아 보인다. 그래서 지역재생회사가 안정적인 수익을 낼 수 있도록 중앙 정부가 지방자치단체에 예산을 지원하고, 제도를 개선하는 등의 변화가 필요하다. 또한 지역재생회사의 사업 수행을 위한 역량 축적도 같이 이루어져야 한다. 마찬가지로 정책적 지원, 협력 기업과의 컨소시엄, 투자 유치, 인재 영입 등도 병행되어야 한다.

2. 사람 만들기, 지역 매니저 육성 및 지원

지역재생회사를 통한 지역재생을 추진할 때 핵심이 되는 자원과 인력이 '지역 매니저(Town Manager)'이다. 지역재생회사의 성공 여부는 바로 이 지역 매니저의 유무(有無)와 역량에 달려 있다고 해도 과언이 아니다.

지역 매니저는 풍부한 전문 지식과 비즈니스 감각을 겸비하고, 이해관계자들 간의 갈등과 요구를 조정하는 비즈니스 조직의 리더여야 한다. 지역 매니저의 주요 역할은 네트워커, 이해 조정자, 거버넌스 구축 및 관리, 사업 제안자 등이 있지만, 그중에서도 핵심 역할은 지역의 활성화를 위한 로컬 브랜딩과 마케팅을 수행하는 경영자 역할이다. 지역재생의 지속 가능성을 위해서는 도시재생 전문 활동가의 양성이 필수적으로, 이들은 분야를 달리해 다양하게 분화될 필요가 있다. 특히 핵심적으로 육성해야 할 분야가 도시 경영, 지역 비즈니스를 총괄하는 지역 매니저이다.

3. 지역재생 앵커 기업의 육성

앵커 기업이란 로컬 비즈니스 분야에서 전문성과 창의성을 갖춘 기업이다. 그간 마을관리협동조합(국토교통부)이나 도시재생회사(서울시)가 설립되었지만, 지역재생을 책임지고 선도할만한 앵커 기업으로 성장하지는 못했다.

해양수산부의 지역재생 플랫폼 사업인 어촌신활력증진 사업은 이에 대한 대안으로 '앵커 조직'을 사업의 핵심으로 삼아 정책을 설계했다. 해당 사업에서 앵커 조직은 지자체가 공모하여 선정한다. 선정된 앵커 조직은 지자체와 더불어 공동사업자로 지정된다.

이처럼 국토교통부의 도시재생 사업에서도 지역재생회사를 앵커기업으로 육성해야 한다. 이를 위해 일본의 '도시재생추진법인' 제도를 참고하여 정책을 설계해야 한다. 도시재생추진법인은 2010년 개정된 『도시재생특별조치법』 제73조에 근거해 운영되는 제도이다. 자격 요건은 사단 법인, 재단 법인, NPO 법인, 마치즈쿠리 회사 등이다. 주요 업무는 지역의 활력 창출, 시설 정비와 관리 운영, 도시재생 사업 지원, 마을만들기 전문가 파견, 정보 제공 등이다.

도시재생추진법인 사례

– 주식회사 가나자와 상업활성화센터 –

가나자와는 인구 465,810명, 세대수 199,604세대(2015년), 면적은 468.64㎢로 일본 호쿠리쿠 지방의 대표 도시이다. 가나자와는 일본에서도 드물게 400년 동안 전쟁, 지진 등의 자연재해를 입지 않은 지역으로, 옛날부터 이어지는 전통적 도시 경관과 역사적인 건조물, 차, 전통 악기, 문화, 금박 공예 등이 잘 보존된 도시로 유명하다. 2009년 역사 도시 제1호 인정, 유네스코 창조 도시 인정을 통해 도시의 전통적 매력을 평가받았다.

하지만 가나자와도 도시 쇠퇴라는 시대적 파도를 피하지는 못했다. 중심 시가지에 빈 점포와 빈집이 증가하면서 현청 소재지인 가나자와는 눈에 띄게 쇠락해 갔다.

그러자 시는 1998년 6월 제정된 『구(舊) 중심시가지활성화법』에 근거하여 두 개의 중심 시가지인 코림보와 무사시 지구의 활성화를 위해 재생 사업을 시작했다. 그리고 시 정부, 상공회의소, 상점가, 대형 점포 등이 협력하여 지속적인 도시재생을 담당

할 지역재생회사로 1998년 10월에 주식회사 〈가나자와 상업활성화센터〉를 설립했다.

〈가나자와 상업활성화센터〉는 대표 1명, 전무 2명(코림보, 무사시 지구 각 1명), 이사 8명(가나자와시 경제국장, 상공회의소 전무이사, 상점가 진흥조합 이사장 4명, 대형 점포 대표자 2명), 금융 기관 대표 2명의 감사역으로 조직되었으며, 자본금은 1억 6,000만 엔이다. 주주는 29명으로 가나자와시, 상공회의소, 중소자영업자, 대형 점포, 금융 기관에서 주주로 참여하고 있다. 해당 센터는 상업 시설 운영, 도심 주차장 운영, 마을버스 운행, 쇼핑맵 사업 등을 추진하면서 지역 활성화에 기여하고 있다. 지자체나 공공 기관 등의 보조금은 거의 없으며, 독립 채산제 방식으로 경영을 해가고 있다.

1. 상업 시설 '프레고' 운영

'프레고'는 2001년 정부, 광역, 기초지자체 보조금을 활용해 중심 시가지 내의 유휴지를 상업 시설로 바꾼 공간이다. 크게 점포 공간과 광장으로 구성되어 있는데, 패션, 카페, 레스토랑 등의 업체가 입주해 중심 상점가의 거점 시설 역할을 담당하고 있다. 2011년에는 개업 10주년을 기념해 시설 리뉴얼을 시행하였다. 이곳의 토지는 소유자와 사업용 차지권 계약이 되어 있고, 건물은 점포와 건물임대차 계약으로 되어 있다.

2. 가나자와 도심 파킹넷 '마치P'

코림보와 무사시 지구에 있는 350개 점포를 방문할 때 28개 주차장(2018년 1월 기준)을 이용할 수 있는 공통 주차 서비스권을 발행하는 사업이다. 가맹 주차장에 주차하고 가맹점을 이용하면 주차 요금 할인 서비스를 받을 수 있고, 코림보와 무사시 양쪽에서 모두 이용할 수 있다. 2012년 2월부터 서비스를 시작하였으며, 방문객들이 해당 사업을 통해 주차장을 이용할 수 있게 된 뒤부터 코림보나 무사시 지구에 체류하는 시간이 늘어났다.

3. 가나자와 쇼핑 라이너 '마치버스'

매주 토·일요일과 공휴일에 가나자와역~코림보~가나자와 21세기 미술관을 순회하는 버스이다. 2007년 6월 무료 버스로 시작해 2008년 4월부터는 유료로 운영했다. 원(one) 코인 버스로 어디까지 가든 상관없이 성인 100엔, 어린이는 50엔을 받고, 외국인도 이용할 수 있다. 그러나 매년 약 34만 명 이상이 이용한 이 버스가 코로나19 팬데믹 이후에도 계속 운영하는지는 확인이 필요하다.

이외에도 도심 출점 서포트 센터(마치서포), 쇼핑맵(가나자와 마치내비), 도심 퍼포먼스 시어터(맵스), 가나자와 도심 키즈 스테이션 등의 사업이 진행돼 지역 활성화에 도움을 주고 있다.

지역 발전의 전환, 뭉치고 연결하자

중앙 주도 균형 발전의 한계

지역 균형 발전은 역대 정부들의 주요 정책 과제였다. 참여정부는 세종특별자치시인 행정중심복합도시와 혁신도시를 국정 과제로 삼아 추진했고, 이명박 정부는 광역경제권, 박근혜 정부는 지역행복생활권, 문재인 정부는 혁신도시 시즌2와 도시재생 뉴딜, 한국판 뉴딜을 균형 발전의 핵심 과제로 설정해 추진했다.

하지만 정부의 잇단 노력에도 백약이 무효인 양 비수도권의 인구 감소와 쇠퇴는 빠르게 진행되고 있다. 여러 법을 제정하고 대규모 사업을 추진했음에도 수도권과 비수도권의 인구, 산업, 문화 등의 격차는 날로 커지기만 할 뿐 줄어들지 않았다. 더구나 중앙 정부의 일률적인 지원 정책은 지방의 특화된 발전에도 도움이 되지 못했다. 균형 발전 사업들이 본래의 취지를 달성하지 못하고, 지역 간의 과잉 경쟁을 유발하는 부작용을 낳기도 했다.

수도권 쏠림 현상으로 이미 지방은 인구 감소, 지방 대학의 위기 등 빨간불이 켜졌다. 수도권과 비수도권 인구 구조를 보면 수도권 집중이 얼마나 심한지를 그대로 확인할 수 있다. 2021년 기준으로 수도권 인구 비율은 50.4%로 비수도권 인구수를 넘어섰고, GRDP(지역 내 총생산)는 수도권이 52.6%나 차지하고 있다.

지역 쇠퇴와 소멸 위기를 상징적으로 보여주는 것이 잇달아 정원 미달 사태를 맞은 지방 대학들이다. 지방 대학들은 그야말로 최악의 존립 위기를 맞이하고 있는데, 여기에는 사립대학교뿐만 아니라 지방거점 국립대학교도 예외가 아닌 상황이다.

> "추가 모집 인원 90% 지방대에서 발생 / 지방거점 국립대 9곳 모두 미달 사태 / 133개 전문대 중 과반 정원 못 채워"
>
> _조선일보 2021년 2월 25일

일례로 2021년에는 지방 명문대로 꼽히는 거점 국립대학교 9곳도 모두 신입생 추가 모집을 진행해야 했다. 그 수는 경북대가 135명으로 가장 많았고, 제주대 133명, 경상대 123명, 부산대 90명, 충남대 60명, 전북대·충북대 각 53명, 강원대 45명, 전남대 23명 순이었다. 지방 사립대학교의 경우에는 그 수가 훨씬 늘어나 대구대가 가장 많은 876명, 동명대 804명, 상지대 769명, 신라대 746명 등으로 추가 모집 인원이 500명이 넘는 지방 대학교만 12곳에 달했다. 이같이 저출생으로 인한 학생 수 감소와 수도권 선호 현상은 오늘날 지역의 대학들을 고사 직전으로 내몰고 있다.

역대 정부가 지역 균형 발전을 위해 수많은 국정 과제를 내세우고 예산을 쏟아부었지만, 앞서 짚었듯이 효과는 영 신통치 않았다. 아니, 흡사 처참한 성적표를 받아 든 수험생과 같은 모양새다. 중앙이 주도하는 균형 발전 전략이 이미 한계를 드러낸 것이다.

우선 지역 균형 발전과 수도권의 세계 경쟁력 확보라는 두 마리의 토끼를 모두 잡겠다는 정부의 목표가 어느 것 하나 충족되지 못하고 있다.

또한 중앙 정부 주도의 정책은 '획일적인 지역 안배 프레임'을 한 치도 벗어나지 못했다. 지역 안배 프레임에 빠진 산술적인 자원 배분 방식으로는 지속적인 균형 발전을 이뤄내기가 힘들다. 이미 세계는 광역 대도시권 육성 전략으로 중심 도시와 주변 지역을 광역경제권으로 묶어 경쟁력과 시너지를 극대화하고, 수도권 분산을 위한 거점 메가시티 중심의 집중 전략을 쓰고 있다. 그런데 우리는 그러한 세계적인 흐름을 외면하고 있다. 비수도권 메가시티 조성을 위한 사회적 합의 도출과 전략 마련이 시급하다.

분산을 위한 거점 집중

도시에서 은퇴한 사람이나 뜻있는 청년 일부가 농촌 마을로 들어가

사는 귀농 수준의 분산으로는 수도권 집중 가속화 현상을 막을 수 없다. 또한 지방 도시로 들어가 지역 비즈니스를 하는 로컬 크리에이터를 지원한다고 해도 수도권 집중을 막기에는 역부족이다. 따라서 '돈'을 벌 수 있는 지역을 만들어야 한다. 그리고 돈이 몰리기 위해서는 일자리를 만들어야 한다. 돈을 벌 수 있는 일자리가 있는 도시, 즉 초광역 도시(메가시티)를 지역별로 구축해야 한다.

세계에서 손꼽히는 도시들은 광역 대도시권 육성 전략으로 경쟁력을 키우고 있다. 중심 도시와 주변 지역을 광역경제권으로 묶고, 철저한 계획과 기능 분담을 통한 시너지 극대화 전략을 펼치는 것이다. 이를 흔히 '메가시티'라고 부른다.

메가시티는 중심 도시를 거점으로 기능적으로 연결된 인구 1,000만 명 이상의 초광역 연합 도시로, 교육·경제·주거·공간·에너지 등 모든 것을 포괄하는 복합도시다. 유엔의 통계에 따르면 2018년을 기준으로 인구 1,000만 명이 넘는 도시는 전 세계에 33곳이었지만, 2030년에는 43곳으로 증가할 것으로 예상한다. 또한 인구 500만 명에서 1,000만 명 사이의 도시는 2018년 48곳에서 2030년에는 66곳으로 늘어날 것으로 전망된다.

서울 중심의 수도권 집중을 극복하려면 '분산을 위한 거점 집중 도시'인 메가시티로 돌파해야 한다. 이와 관련된 논의의 불쏘시개 역할을 한 인물이 김경수 전 경상남도 도지사였다. 그는 생활권과 경제권 중심의 유연한 권역별 발전 전략으로 수도권 외 권역별 다극화 전략을 추진하려 했다.

이 다극화 전략의 핵심 방향은

① 국제적 경쟁력을 갖춘 메가시티 구축,

② 지역이 주도하는 균형 발전 정책으로의 전환,

③ 수도권과 지방이 상생하는 새로운 협력이다.

그리고 김 전 도지사 시절 강하게 추진했던 동남권 메가시티의 권역별 발전 전략 모델은 공간 혁신(1시간 생활권 광역 대중교통망 구축), 산업-경제 혁신(동남권 물류 플랫폼 구축), 인재 혁신(지역 인재 집중 양성), 거버넌스 체계 구축(광역 특별연합 구상) 등으로 나뉜다.

부울경(부산, 울산, 경남)으로 불리는 동남권 메가시티 전략이 동북아 물류 플랫폼 중심으로 공간 구조를 개조하는 것이라면, 호남은 '호남 RE300, 호남 초광역권 에너지경제 공동체' 구상을 제시하였다. 이는 재생 에너지의 '에너지 소통 고속도로 확보'와 '에너지 전환 기본소득'이 핵심이었다.

호남RE300은 초광역 연합(광주-전남-전북) 프로젝트로서 문재인 정부의 '그린 뉴딜과 지역 균형 뉴딜'에 부응해 '재생 에너지'를 호남의 미래 성장 동력으로 삼는다는 점에서 다른 광역단체가 기존의 SOC(사회간접자본)에 치중하고 있는 것과 대비되었다. 기본적으로 호남 RE300은 에너지 소통 고속도로를 개통하여 2030년까지 새만금, 신안 등에서 생산한 재생 에너지를 호남에서 100% 소비하고, 2050년까지 200%를 추가 생산하여 다른 지역으로 송전한다는 재생 에너지 산업 생태계 구상이었다. 이는 생산된 재생 에너지로 얻은 소득의 일부를 지역민의 기본소득으로 보장하는 '에너지 기본소득'도 병행하는 기획이었다.

이외에도 여러 광역자치단체들이 상생 협력을 위한 행정 통합과 메가시티를 둘러싼 논의를 활발히 진행하고 있다. 대전과 세종, 충남, 충북은 2020년 11월 4개 시도지사 간 충청권 광역 생활경제권 추진 합의문을 발표했으며, 충청권 광역 생활경제권 전략 수립을 위한 연구 용역 및 충청권 광역 철도망 등의 공동 사업을 추진하고 있다. 대구와 경북은 행정 통합 공론화위원회를 구성해 2021년 2월에 행정 통합 기본계획안을 확정해서 발표했다. 그러나 윤석열 정부 취임 이후 정부의 정책 의지 부재로 메가시티 논의는 중단되고 말았다.

하지만 한국도 획일적인 균형 발전 논리에서 벗어나 메가시티 도시화 전략을 구상하고 실행에 옮겨야 한다. 때마침 2020년 12월 9일 『지방자치법』 전부 개정으로 『특별지방자치단체 설치/운영 규정』이 마련됐다. 개정안의 주요 내용은 2개 이상의 지자체가 공동으로 특정 목적을 위해 광역적으로 사무를 처리할 필요가 있을 때 특별지방자치단체의 설치가 가능하다는 것으로, 이로써 메가시티 구상이 실천으로 옮겨질 수 있게 되었다.

그에 더해 현 윤석열 정부도 초광역 지역 정부의 확대 설치와 운영을 추진한다고 밝혔다. 다만 윤석열 정부가 내세운 초광역 지역 정부의 정책 방향은 경제 권역별로 수도권, 충청권, 대경권, 동남권, 호남권, 이렇게 5대 초광역 지역 정부를 설치, 운영하는 것이다. 그런데 서울시와 경기도는 이미 초광역 지방자치단체인데다 애초 해당 정책은 수도권 집중을 분산시키기 위한 국가 차원의 기획인데, 수도권을 왜 거기다 포함했는지는 이해할 수 없다. 오히려 국가 차원의 균형 발전이 아니라 서울시의 경우 강남과 강북의 균형 발전을 추진해야 하고, 경기도는 경기남도와 경기북도의 균형 발전을 도모해도 모자랄 판인데 말이다.

결론적으로 서울 중심의 수도권 일극 체제를 다극 체제로 분산하려면 지역 메가시티를 적극 육성해야 한다. 일단 덩치가 비슷해야 수도권과 경쟁이든 뭐든 할 수 있는 법이다. 돈이 몰리고 일자리가 만들어지려면 인구 밀도를 높이고 규모를 키워야 한다. 물론 이 과정에서 지역 메가시티 주변 중소 도시들의 인구 감소와 쇠퇴의 위험도 도사린다. 하지만 수도권 일극 체제로 국토의 균형이 무너지는 것은 최악의 미래이기 때문에 우리는 차선의 방법을 찾아 나가야 한다. 동남권 물류 플랫폼 메가시티와 호남 RE300 에너지경제 공동체 사업과 같은 메가시티 전략으로 '분산을 위한 집중'이 성공해야 대한민국이 성공할 수 있다.

4장

사회혁신의
재도약을 위하여

사회혁신 정책은 적폐?

흔적을 남김없이 지워라

윤석열 정부와 국민의힘이 집권한 지방자치단체들은 전임 대통령과 지자체장의 흔적 지우기에 바쁘다. 대표적으로 오세훈 서울시장은 도시재생, 마을공동체, 사회주택, 주민참여예산제, 사회적경제 등 사회혁신 분야의 정책을 적폐로 지정해 원점으로 되돌리고 있고, 경기도 고양시는 사회혁신 흔적 지우기가 그 강도와 속도 면에서 가히 어마어마할 정도다.

"자치공동체센터 예산 75% 삭감… 사업비는커녕 인건비 '반토막'"

_고양신문 2022.11.28

고양시의 사례를 세부적으로 살펴보니, ▲평화, 인권 사업 94% 삭감 ▲도시재생 사업 96.8% 삭감 ▲주민 자치 관련 예산 60% 삭감 ▲기후위기 환경정책 예산 40% 감축 ▲전통 시장 활성화 지원 사업 60% 감축 ▲공공일자리 사업 60% 삭감 ▲문화예술정책 포럼 예산 80% 삭감 ▲문화예술교육 지원 전액 삭감 ▲문화공간공유 활성화 지원 예산 전액 삭감 ▲자치공동체 지원 예산 75% 삭감 ▲거점평생학습센터 운영 전액 삭감 ▲여성친화도시 공모사업 전액 삭감 등 사실상 아무것도 하지 않겠다는 것이었다[33].

이는 비단 서울시와 고양시만의 일이 아니다. 중앙 정부 각 부처와 수많은 지방자치단체에서 벌어지는 일이다. 지역 상권을 살리고 지역 쇠퇴에 대응하겠다는 윤석열 정부의 기괴한 단면이 아닐 수 없다. 설상가상으로 현 국토교통부 또한 도시재생 예산을 줄이면서 거버넌스를 후퇴시켰다.

정권이 바뀌었다고 정책의 방향이 180도 달라진 이유는 무엇인가? 윤석열 대통령과 국민의힘 소속 지자체장들이 전임 대통령과 전임 민주당 지자체장들을 인간적으로 증오해서 그런가? 인간적으로 증오하더라도 이렇게 쉽게 빈대떡 뒤집듯이 정책이 뒤집힌 것은 쉽게 이해가 되지 않는다. 문재인 정부의 도시재생 뉴딜을 비판적으로 검토하면서 거버넌스 퇴행의 원인을 살펴보자.

문재인 정부의 도시재생 뉴딜은 거버넌스 측면에서 양적 성장의 성과를 내었다. 거버넌스의 허브 역할을 하던 도시재생지원센터는 전국적으로 424곳(2022년 6월 21일 기준)이 설립돼 운영되었다. 지역재생회사의 초기적 형태인 마을관리협동조합도 107개소(2022년 5월 기준)가 설립되어 국토교통부의 인가를 획득했다.

그러나 양적 성장이 곧 질적 성장을 보장한 것은 아니었다. 400여 곳이 넘게 설치. 운영된 도시재생지원센터는 지자체 행정의 의지 부족과 인재 부족으로 지역재생을 지속 가능하게 이끌 역량을 축적하지 못했다. 또한 107개나 설립된 마을관리협동조합은 ▲열악한 자본금 및 규모의 영세성 ▲관련 비즈니스 모델의 경영 전문성 부족 ▲상품 개발 미흡 및 판로에 대한 마케팅 부족 ▲경영, 인사 등 조직 관리 미숙 ▲정보와 네트워크 역량 미흡 등 정부의 지원 없이는 유지가 어려운 협동조합이 많다.

이처럼 도시재생지원센터나 마을관리협동조합 모두 앵커 조직[34]으로 성장하여 정부 지원이 중단된 이후에도 지속 가능한 지원 조직으로 역할을 하기에는 역부족인 상황이다. 도시재생 거버넌스의 한 축을 담당해야 할 민간 주체들의 역량은 지역별로 편차가 컸고, 행정은 중간 지원 조직의 역량 강화와 자율성 보장을 외면했다.

설상가상으로 윤석열 정부가 들어서고 도시재생 거버넌스에 대한 투자(재정 지원)를 지방자치단체에 떠넘기는 가이드라인이 발표됐다. 사실상 민관 거버넌스의 포기였다. 이제 마을관리협동조합이나 도시재생지원센터가 지속 가능한 사업의 앵커 조직으로 성장하기를 기대하기가 불가능한 현실이 된 것이다. 앵커 조직으로의 성장은커녕 서울시를 시작으로 많은 지자체에서 도시재생지원센터의 운영을 종료했다.

민관협력 퇴행의 이유

왜 이런 일이 벌어지고 있을까? 중앙 정부와 지방자치단체의 변심이 그 원인일까? 물론 정권 교체로 정책의 방향이 바뀐 원인도 크다. 그러나 도시재생을 포함한 사회혁신 분야에서 협력 거버넌스의 붕괴는 정권 교체만으로는 그 이유가 설명이 안 된다. 그 원인을 지역사회의 이해관계와 민간 주체의 역량에서 찾아봐야 한다.

지역사회에서 도시재생 거버넌스를 만들다 보면 그걸 방해하는 고질적인 장애 요인들이 존재한다. 거기에는 우선 자원을 배분할 권한과 권력을 지닌 지자체장의 관심과 의지 부재가 첫 번째다. 둘째로는 행정 공무원, 주민(주민 조직), 중간 지원 조직, 지역 경제 조직 등 거버넌스 주체들의 미흡한 역량이다. 셋째로는 지역 역량의 수준을 고려하지 않은 중앙 정부와 지자체의 성급한 성과주의와 무리한 사업계획 추진이다. 넷째로는 도시재생에 대한 지역민들의 낮은 체감도와 참여도, 적극성

〈이상적인 도시재생 거버넌스 모델〉

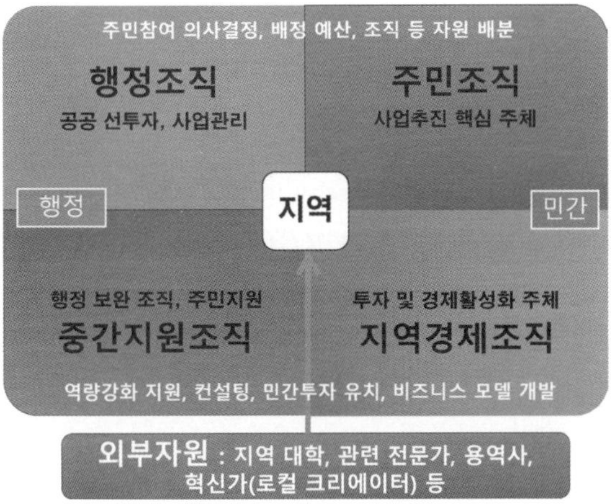

부족, 지역사회의 포용성과 개방성 부족으로 인해 창의적인 사람들의 참여가 어렵다는 점이다. 마지막으로는 사업 과정에서 주민 대 주민, 행정 대 주민, 주민 대 지원 조직, 행정 대 지원 조직 등 여러 이해관계에서 촉발되는 다양한 갈등의 관리 실패를 들 수 있다.

이런 장애 요인은 도시재생 사업의 거버넌스 운영 과정에서 악순환의 사슬을 만든다.

지역 역량 미흡 → 개성과 다양성을 수용하지 못하는 지역의 폐쇄성 → 성과를 내지 못하는 지역재생 → 축적되지 못한 지역 역량 → 지역 역량 미흡

그중에서도 미흡한 전문성과 역량을 가진 지역 주체들은 다음과 같은 모습을 보인다.

〈도시재생 지역 주체별 모습〉

- 주민협의체 : 사업 운영의 미숙함, 배가 산으로 가는 회의 구조, 불분명한 리더십 등.
- 주민 지도자 : 열정과 의지에 비해 관련 사업에 대한 비전문성, 리더십 미숙련 등.
- 지자체장(長) : 자치단체장의 무의지와 무관심은 형식적인 거버넌스 구성
- 행정 조직 : 부서 간 칸막이, 전문성 없는 담당 공무원

결론적으로, 이상적인 도시재생 거버넌스 구조는 행정 조직, 주민 조직, 중간지원조직, 지역의 경제 조직, 외부 자원이 톱니바퀴처럼 잘 맞물려야 되지만, 현실은 그렇지 않았다.

바람직한 도시재생 거버넌스

도시재생은 도시의 경쟁력 회복이 목표였지만, 사업 주체들의 역량과 경쟁력은 부족했다. 정부 정책 차원의 대규모 장은 열렸으나, 민간 주체가 이를 감당하기에는 역량이 모자랐다. 민간의 사업 역량의 부족은 도시재생 사업의 주도권을 확보하지 못하는 이유가 되었고, 국토교

통부와 지방자치단체의 중간지원조직 무용론에 적절한 대응을 못했다. 〈전국도시재생센터협의회〉 등의 조직이 있었지만, 결속력과 연대의식이 높은 수준이 아니었기에 국토교통부의 거버넌스 후퇴 정책에 제대로 된 대응을 할 수 없었다.

윤석열 정부와 국민의힘 지자체장들이 사회혁신 정책의 흔적을 지우려고 시도할 수 있었던 것은 사회혁신 그룹의 힘과 역량이 그만큼 부족했기 때문이다. 나는 '시민사회단체 + 노동운동'에 새롭게 등장한 '마을공동체 + 사회적경제 + 도시재생' 분야에서 활동하는 '일군의 사람들'을 포괄하여 사회혁신가라고 부른다. 한때 인구 1,000만의 거대 도시인 서울시의 시장을 3선까지 당선시켰고, 문재인 정부 초기에 청와대에 사회혁신수석실까지 설치할 힘을 가졌던 이들이 협력 거버넌스의 붕괴를 제대로 막아내지 못한 것이다.

그렇다면 사회혁신 그룹의 힘과 영향력이 이토록 허약해진 이유는 무엇일까? 우선 사회혁신가들은 정치적 리더를 발굴하고 성장시키는 데 옹색했다. 마을공동체, 사회적경제, 도시재생, 그 어느 분야에서도 의식적으로 '선수'를 발굴하고 키우는 데 투자를 전혀 하지 않았다. 다음으로 사회혁신의 인프라가 생각보다 많지 않았고, 그와 관련된 경제적 기반도 미약한 상태였다. 기반이 튼튼하지 않은 상태에서 정치적 진출 및 세력화는 명망가 중심의 '투항 정치' 그 이상을 기대할 수 없다. 마지막으로, 사회혁신 분야 간의 소통과 교류, 통합의 부재이다. 현재의 사회혁신가들은 각자의 분야에서 상호 교류를 통해 성장하기보다는 골목대장 역할에 안주하는 모습이다. 골목대장은 골목을 벗어나 대한민국 사회혁신의 견인차가 될 수 없다. 이제는 마을공동체, 사회적경제, 도시재생 분야의 혁신가들이 더 밀접하게 교류하고, 협력 사업을 통해 사회혁신의 기반을 탄탄하게 구축해야 한다.

시장님, 협력적 거버넌스를 아시나요?

왜 민관협력이 중요한지 아나요?

지난 20세기에 거버넌스(governance)와 정부(government)는 통상 같은 의미로 인식되고, 실제로 그렇게 혼용되어 왔다. 하지만 21세기에 들어서자, 국가의 행정력만으로는 다원화된 사회 문제를 해결하지 못하는 상황이 도래했다. 이때 사회혁신을 이루려는 민간의 참여를 통해 사회 문제가 해결되는 사례들이 등장하고 쌓여가면서, 이런 추세를 반영하여 일방적이고 시혜적인 거버넌스가 아닌 협력 거버넌스(collaborative governance)를 강조하는 분위기가 대세를 이루게 되었다.

특히 협력 거버넌스가 중요해진 이유는 신자유주의가 불러온 복지 국가의 위기 때문이다. G. 에스핑-앤더슨(G. Esping-Andersen)[35]은 복지 국가의 유형을 자유주의 복지 국가, 조합주의적 복지 국가, 사회민주적 복지 국가로 나누었다. 그는 시민권을 가진 노동자가 '자기 노동력'을 '상품'으로 노동 시장에 팔지 않아도 살 수 있어야 좋은 복지 국가라고 했다. 이 복지 국가를 해체하기 위해 등장한 게 다름 아닌 신자유주의다.

신자유주의는 주거, 교육, 의료, 사회 보장 등 복지 국가의 네 개의 복지 기둥을 '상품화'하여 시민들의 삶을 더욱 어렵게 하였다. 대학 등록금을 무료로 하는 독일의 교육, 의료 서비스를 무료로 제공하는 영국의 의료, 중산층도 거주할 수 있는 네덜란드의 사회주택과 같이 유럽의 복지 국가들은 네 개의 복지 기둥을 탄탄히 만들어 왔다. 그러나 신자유주의는 복지 국가들에 복지의 상품화를 요구했다. 그리고 복지의 상품화는 국가의 문제 해결 능력의 저하로 이어진다.

이렇듯 민간 참여에 의한 협력 거버넌스는 복지 국가의 위기에서 출발한다. 국가의 문제 해결 능력이 떨어질 무렵에 등장한 새로운 공공이 '민간의 참여'였기 때문이다. 21세기는 정부 혼자서 다양한 문제를 풀어가기 어려운 복잡 사회다. 더 이상 국가의 전지전능함이 먹히지 않는다. 현대 사회에서 시민의 욕구는 높아지고, 사회 문제는 한층 더 다원화되는데, 중앙 정부나 지자체의 행정은 다원화된 시민들의 복잡한 요구에 대응할 역량(조직 및 공무원)이 미흡하다. 그래서 시민들은 국가의 문제 해결 능력에만 기대는 대신에 국가 주도와 시장(market) 중심을 넘어서는 공공성 확보 시스템을 스스로 구축하고자 하였고, 그를 담아낼 그릇으로 협력 거버넌스가 등장하게 된 것이다.

협력 거버넌스는 현대 국가에서 일어나는 복잡다기한 문제를 해결하는 유용한 정부 운영 방식이다. 여기에서 중요한 것은 시민사회, 시장(market), 행정 등 사회 구성원들의 참여다. 국가가 풀지 못하는 문제를 시민들과 함께 해결하기 위해 등장한 협력 거버넌스는 또한 과정과 절차를 중요시한다. 다양한 구성원들의 합리적인 과정과 절차를 통한 참여만이 공공 서비스 시스템을 혁신적으로 재구축할 수 있다. 여기서 놓치지 말아야 할 것은 행정부터 혁신해야 한다는 점이다. 행정이 '당사자'가 아닌 '시혜자'를 자처하면 실패의 길을 걷게 된다.

시대별 거버넌스의 변화

산업화 시대인 1960~1980년대는 국가가 공업 입국을 기치로 경제 번영의 과제를 주도하던 시대였고, 이러한 국가 주도의 경제 발전은 결국 성공을 거두었다. 그러나 권위주의적 통치 체제와 사회문화적 획일성, 기득권의 공고화, 부의 양극화로 인해 이내 공공성의 위기가 발생하게 된다. 그에 대한 반작용으로 1987년 6월 항쟁과 같은 해 7월~9

월 노동자 대투쟁이 전개되었고, 그 결과 대통령 직선제 개헌이 이루어지면서 표면적으로는 급속도로 민주화가 진전되었다. 그와 더불어 노동 진영을 비롯한 시민사회의 힘이 급성장하면서 변화는 정치를 넘어 경제와 사회 전반으로까지 확산하였다. 이 변화로 만들어진 국가 전반의 운영 체제가 이른바 '87체제'였다.

87체제의 등장은 시민과 시민사회를 거버넌스의 주체로 부상시켰다. 그 결과 민주화 시대인 1990~2000년대에는 국가 주도의 거버넌스가 시민사회라는 경쟁자에게 의제의 주도권을 완전히 넘기게 된다. 이 시기에 등장한 것이 경실련, 참여연대, 환경운동연합, 민주노총 등 한국의 대표적인 시민단체와 노동단체들이었다. 그러나 이들은 얼마 못 가 시민 없는 시민운동과 전문가주의에 포섭된 시민단체라는 시민들의 비판을 정면으로 마주하게 된다.

2010년대 이후는 바야흐로 참여민주주의 시대이다. 시민운동 스스로 변화를 꾀하면서 개인의 참여와 저항을 기반으로 하는 새로운 시민운동이 등장한 것이다. 이는 단체를 상징하던 깃발이 사라진 자리에 시민들의 직접 행동과 촛불시위가 모습을 드러내는 광경을 연출했다. 그와 더불어 소셜 네트워크 서비스(SNS)와 같은 새로운 미디어의 등장과 활성화로 개인들의 소통과 네트워킹에 혁명적 전환이 일어나고 있다. 또한 생활 운동 기반의 주민 조직화도 활발해졌는데, 사회적경제와 마을공동체, 도시재생 분야에서 그 움직임은 뚜렷하게 확인되었다.

협력 거버넌스는 휴먼 인프라

도로, 전기, 상·하수도, 철도, 지하철, 항구, 공항 등을 우리는 도시의 기반 시설(infrastructure, 인프라)이라고 한다. 이 기반 시설을 잘 유지하고 관리해야 국민의 생활에 불편함이 없다. 따라서 중앙 정부나 지방자치단체는 기반 시설을 유지·관리하는 조직(공기업)을 만들어 운영한다. 도로공사, 수자원공사, 한국전력, 인천공항공사, 항만공사 등은 중앙 정부가 관리하는 공기업이며, 서울교통공사, 부산교통공사 등은 지방자치단체가 관리하는 공기업이다. 이렇듯 중앙 정부나 지방자치단체는 중요한 공공시설의 전담 공기업을 만들어서 운영을 맡긴다.

이제 정부의 역량만으로는 다원화된 사회 문제를 해결할 수 없고, 민간의 참여를 통해 사회 문제를 해결해야 하는 것이 변화된 행정의 현실이다. 이런 변화로 협력 거버넌스가 시민을 위한 휴먼 인프라 역할을 하게 된 것이다. 정부는 협력 거버넌스라는 휴먼 인프라를 잘 운영하기 위해 도시재생지원센터, 사회적경제진흥원, 마을공동체센터 등의 중간지원조직을 설치, 운영했다. 항구, 도로, 철도, 지하철 등의 기반 시설을 원활하게 운영하기 위한 것과 같은 이유로 협력 거버넌스를 잘 조직하고 관리하기 위해 중간지원조직을 설치해 운영한 것이다.

그러나 중앙 정부는 물론 서울시도 국민의힘이 집권한 뒤 협력 거버넌스를 통해 만들어진 제도와 기관들이 순식간에 폐지되고 문을 닫았다. 전임 박원순 시장과 사회혁신가들이 마치 전횡을 일삼았던 양 속전속결식으로 없애 버린 것이다. 생각이 다르고 정책 방향이 다르다는 이유로 전임 시장의 흔적을 지우기 위해 협력 거버넌스라는 휴먼 인프라는 그렇게 내팽개쳐졌다. 서울시의 도시재생, 마을공동체, 사회주택, 사회적경제 등의 사업에서 협력 거버넌스를 퇴행시키는 것은 과거 일방적 행정 시대로의 회귀(回歸)이다.

오늘날 국가의 비전을 실현하기 위해 정책을 집행하는 과정에서 협력 거버넌스는 이제 필수가 되었다. 협력 거버넌스라는 휴먼 인프라 없이 비전의 실현과 정책의 집행은 상상할 수도 없다. 협력 거버넌스의 구축은 단기간에 해결될 성질의 휴먼 인프라가 아니다. 긴 시간 민관이 협력하여 조직하고 성장시켜야 할 분야이다.

서울혁신파크 부지 활용(안)의 다섯 가지 문제점

지난 2022년 12월 19일 오전, 서울시청 공무원들이 시청 출입 기자들을 대상으로 보도자료를 배포하고 브리핑을 했다. 브리핑의 제목은 "직(職)·주(住)·락(樂) 융복합도시"였다. 은평구 녹번동에 소재한 11만㎡ 면적의 서울혁신파크를 코엑스 급 규모의 사무와 주거, 오락 공간이 어우러진 융복합도시로 만들겠다는 것이다. 당시 서울시가 발표한 서울혁신파크 부지의 구체적인 활용 방안은 다음과 같다.

- 시 소유 최대 가용지임에도 지난 10년간 폐쇄적으로 이용된 부지를 서북권 신경제생활문화 중심으로 탈바꿈시킬 것

- 코엑스와 비슷한 총면적 약 50만㎡ 규모로 연내 기본계획안을 확정해 2025년 착공 후 2030년 준공 예정
- 중앙에 대규모 광장과 60층 랜드마크 건물, 가로변엔 대규모 복합문화쇼핑몰 건설
- SFC 규모 첨단산업 공간과 시립대 산학캠퍼스도 조성하고, 세대공존형 등 미래형 주거 공간도 마련

그러나 오세훈 서울시장의 서울혁신파크 부지 활용(안)은 비판적 도시계획 관점에서 볼 때 크게 5가지 문제를 지적할 수 있다. 지금부터는 그 문제점들을 하나씩 짚어보도록 하겠다.

프로파간다 방식의 조감도 정치

도시개발은 정치·경제적 이해관계가 충돌하는 정치의 영역이다. 개입주의적 입장에서 볼 때 이는 도시공간을 만드는 일이기에 개인 또는 집단의 이해관계 충돌이 불가피하다. 따라서 각각의 이해관계를 대변하는 주체들이 계획 수립에 당연히 참여한다. 하지만 그렇다고 해서 도시 만들기에 중립은 없다. 도시계획을 주도하는 계획가(행정=서울시)도 마찬가지다. 조감도는 바로 계획가의 입장을 시민들에게 프로파간다[36]하기 위해 만들어지는 강력한 프레임워크[37]이다.

〈조감도 정치의 사례〉
서울시가 2022년 12월 19일 발표한 서울혁신파크 부지 개발 조감도

(사진 : 서울시 제공)

오세훈 시장의 서울시는 도시개발에서 ‘조감도’라는 프로파간다 방식의 프레임워크를 자주 사용한다. 비주얼이 화려한 도시개발 조감도는 시민을 현혹하고, 서울시의 개발 방향을 단순하게 설득해 낼 수 있기 때문이다. 이것이 도시계획을 정치적으로 활용하는 ‘조감도 정치’이다.

주민 참여 없는 구시대적 도시계획

21세기 도시계획에서 주민 참여는 옵션이 아니라 필수적인 요소이다. 도시계획은 도시에 거주하는 시민들의 이해관계가 첨예하게 반영되는 갈등과 충돌의 장이다. 다시 말해 욕망과 욕망이 서로 충돌하고 대립하는 현장이다. 그래서 도시계획이나 도시개발 계획의 수립 과정에서 다양한 이해관계자의 참여, 즉 주민 참여는 필수적이다. 다양한 이해관계자들이 계획 과정에 참여하여 갈등과 충돌을 줄이면서 공론을 만들어 가야 하기 때문이다.

그런데 서울시의 서울혁신파크 부지 활용(안)에는 주민 참여 거버넌스 운영 방안이 전혀 언급되지 않았다. 현대의 도시계획에서 주민이 계획 과정에서 배제되는 도시 만들기를 한다는 것은 상상할 수 없는 일임에도 오세훈 시장의 서울시는 주민을 배제한 도시개발을 추진하려 한다. 참으로 어이가 없는 노릇이다. 게다가 서울시가 주민의 참여를 전제하는 도시개발을 외면한다면 은평구청이라도 나서서 주민 참여 거버넌스를 만들어 공론장을 운영해야 한다고 서울시를 압박하는 것이 당연한 이치다. 하지만 핵심적인 이해관계자인 은평구청은 지금껏 아무런 입장도 밝히지 않고 있다.

비욘드 조닝을 넘어 크로노 어바니즘으로

서울시는 서울혁신파크 부지를 비욘드 조닝(Beyond Zoning) 방식으로 개발하겠다고 하였다. 비욘드 조닝이란, 주거·사업·공원·녹지 등으로 땅의 용도를 구분하지 않고 자유롭게 정할 수 있도록 자율성을 부여해 복합적인 공간 배치가 가능한 도시계획 방법론이다. 서울시는 서울혁신파크 부지의 융복합 개발을 위한 '3가지 공간 원칙'을 밝힌다.

"서울시는 이와 같은 융복합 도시를 실현하기 위해 '3가지 공간 원칙'을 적용한다. 첫째, 창의적인 개발을 위해 공간 범위를 필지 단위가 아닌 '슈퍼블록'으로 대형화한다. 둘째, 급변하는 시대에 대응력을 높이기 위해 다양한 시설을 동시에 건설해 신속하게 공급한다. 셋째, 땅의 용도를 구분하지 않고 주거·업무·상업 등 다양한 기능과 용도를 복합개발하는 '비욘드 조닝(Beyond Zoning)' 개념을 적용한다."

_2022년 12월 19일 서울시 보도자료 中에서

'땅'을 개발한다는 것은 사람이 살고 있는 도시와 마을의 공간을 재구성한다는 것이다. 이는 수많은 이해관계가 얽히고설켜 갈등과 분쟁이 필수적인 과정이 된다는 것을 의미한다. 그런데 "급변하는 시대에 대응력을 높이기 위해 다양한 시설을 동시에 건설해 신속하게 공급"한다니, 이는 1980년대의 서울로 되돌아간 듯한 구태의연한 생각이다. 사업을 추진하려면 지구 단위 계획 변경에서부터 실시 설계, 철거 및 착공 절차를 거쳐야 한다. 당연히 이 과정에서 서울시는 은평구민들의

〈파리의 15분 도시 구상도〉

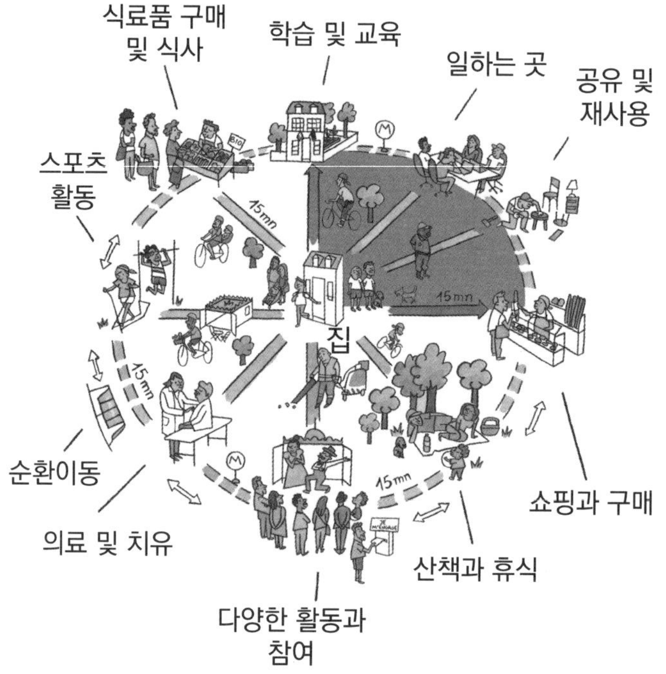

자료 : Anne Hidalgo, 「Le Paris du Quart d'heure」, 2020.

구체적인 의견 수렴 절차를 밟아야 한다. 주민 참여 도시계획이라는 21세기의 방향을 과거로 퇴행시켜서는 안 된다.

그런 원칙에 비춰볼 때 비욘드 조닝 방법론에 크로노 어바니즘(Chrono-urbanism)을 반영할 필요가 있다. 크로노 어바니즘은 공간을 시간 단위로 활용하는 개념의 도시계획 이념이자 방법론이다. 예를 들

자면 낮에는 도로인 공간을 밤에는 주차장으로 활용한다든지, 낮에는 시민교육 공간이었던 곳을 밤에는 커뮤니티 파티의 장소로, 또 낮에는 주차장이던 곳을 밤에는 레스토랑 테라스로 활용하는 식이다. 이러한 크로노 어바니즘에 따른 도시 만들기의 대표적인 예가 파리의 15분 도시이다. 파리 15분 도시는 파리시장인 안 이달고가 콜롬비아 학자인 카를로스 모레노가 제시한 아이디어를 받아들여 추진하는 탄소중립 도시재생이다. 파리 15분 도시는 집에서부터 걷거나 자전거를 타고 직장과 생활시설(어린이집, 병원, 상점, 학교, 공원 등)을 이용하면서 일상 활동을 할 수 있는 도시이다.

오늘날 글로벌 문화 투자 자본이 서울로 몰려오고 있다. 이른바 K-컬처의 힘이다. 문화 투자 자본의 서울 쏠림 현상은 문화도시로서의 서울에 걸맞은 공간의 변환이 일어난다는 의미이다. 문화는 경직된 공간에 갇힌 관상용 식물이 아니다. 생동하는 생명체이다. 따라서 문화에 필요한 도시공간은 언제든지 다용도로 쓸 수 있는 유연한 공간이다. 문화도시로 향해 가는 서울에 필요한 도시계획의 방법론이 크로노 어바니즘인 이유가 바로 거기에 있다.

탄소중립이 실종된 도시개발

서울시도 인정했듯이 축구장이 15개나 들어갈 수 있는 11만㎡의 넓은 땅에 코엑스 급으로 개발하는 도시개발 사업임에도 거기에 탄소중립과 스마트시티라는 미래 도시상은 담겨있지 않다. 서울시의 화려한 프레젠테이션 자료와 보도자료에서도 탄소중립 그린-스마트시티라는 미래 도시에 관한 내용을 찾아볼 수 없었다. "'서울혁신파크 부지'를 서북권의 명소로 만들겠다"라는 20세기 구호만 보인다.

IPCC[38]가 발표한 제5차 평가보고서에 의하면, 도시는 탄소 배출의 대부분을 발생시키는 공간이다. 세계 인구의 약 54%가 도시에 거주하고 있으며, 세계 에너지 사용의 70% 이상이 도시가 차지하는 몫이다. 기후 변화에 대응함에 있어 '도시'는 그만큼 중요한 공간이다.

인류의 미래를 위하고 지구를 위하는 탄소중립 2050에서 도시가 해야 할 일은 분명하다. 탄소 배출을 점차 줄여나감으로써 2050년에는 탄소 제로 도시를 실현하는 것이다. 그런데 서울은 가히 '탄소 빌런(villain, 악당)' 도시이다. 「한국일보」 기후대응팀은 2022년 7, 8월 미국 뉴욕, 영국 런던, 덴마크 코펜하겐을 방문해 세계 대도시들의 탄소 감축 성과(30~60%가량)을 확인했다. 이에 고작 3~8% 감축으로 탄소 빌런으로 자리매김하고 있는 서울의 현실이 암담할 뿐이다[39].

서울시는 C40 도시기후리더십그룹[40]의 일원으로서 탄소 저감을 위한 적극적인 노력을 기울여야 한다. 그럼에도 대규모 도시개발계획을 발표하면서 탄소중립 그린-스마트시티의 내용을 배제시킨 것은 실로 인류와 지구에 무책임한 행위이다.

지역 상권은 죽어도 그만인가?

서울시는 서울혁신파크 부지 내 가로변에는 여의도 '더현대 서울'보다 큰 복합 문화 쇼핑몰을 들이려 한다. 이 지역은 원래 대조 전통시장, 불광동 음식문화거리, NC백화점 등의 상가가 오래전부터 자리를 잡았던 곳이다. 그리고 멀지 않은 3호선 구파발역 인근에는 롯데 쇼핑몰이 있으며, 조금만 더 가면 고양시 삼송동에 스타필드까지 있다. 상업 시설이 부족한 지역이 절대 아니라 오히려 포화 상태라고 말하는 것이 정확하다.

그런데 지역 상인들의 의견도 수렴하지 않고 일방적으로 대규모 상업 시설을 부지 활용 방안에 포함한 서울시는 과연 무슨 생각인지 궁금하다. 이는 은평구 내 소상공인들을 다 죽이려는 음모라 읽어도 과하지 않은 활용 방안이다. 따라서 대규모 도시개발을 하겠다는 서울시가 지역 상권과 상생하는 공간 계획을 수립하기를 촉구한다. 더 어이없는 것은 은평구 내 소상공인들의 이해를 대변해야 할 은평구청의 침묵과 외면이다.

은평구청은 서울시가 반대해도 서울혁신파크 부지 활용안에 담긴 대규모 상업 시설 조성이 타당한지 따져봐야 한다. 이 과정에서 지역 내

자영업자, 주민 등 이해관계자들의 의견 수렴은 필수적이다. 서울혁신파크에 대규모 상업 시설을 조성할지 안 할지는 지역 내 자영업자와 주민들의 의견을 충분히 반영해서 결정해야 한다. 앞서 이야기했듯이 도시계획에서 주민 참여는 생략해도 될 절차가 아니라 생략하면 안 되는 핵심 과정이기 때문이다.

사회혁신, 세력화를 준비하자

지역 혁신은 지역의 사회혁신

지역 혁신은 (특정) 지역 내의 경제·사회 등의 문제를 해결하기 위한 지역 차원의 사회혁신이다. 사회혁신은 시민운동, 사회적경제, 마을공동체, 도시 재생, 협치, 임팩트 투자와 같이 새롭게 등장한 분야와 그 주체들을 지칭한다. 이 새로운 주체들이 사회혁신을 시도하는 장소가 바로 지역이다.

지역의 사회혁신은 주민 참여와 지역 자원의 활용, 정부와 지자체 및 기업의 지원 등 여러 요소가 상호 작용하여 이루어진다. 이를 위해

〈지역 내 사회혁신 생태계 개념도〉

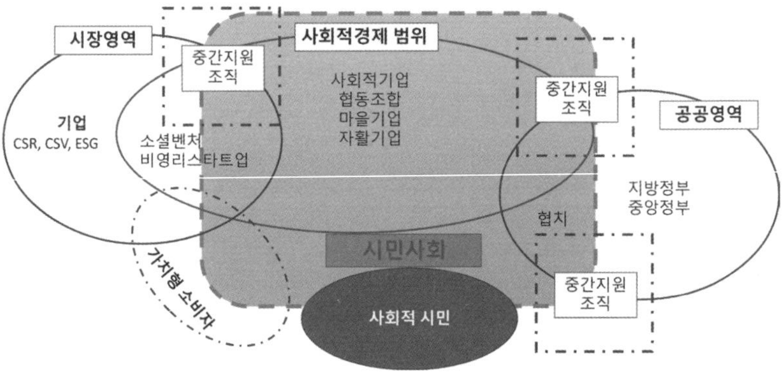

• 출처 : 이은경·이다현. (2023). 사회혁신, 비판적 성찰과 전망. 희망이슈 72, p.23에서 인용 후 재구성

서는 지역사회의 역량 강화와 혁신을 시도할 수 있는 환경의 조성, 비전의 제시 등이 필요하다. 이를 사회혁신 생태계라고 부른다.

지역의 사회혁신, 즉 지역 혁신은 새로운 사회적 비즈니스 모델과 기술, 제도 등을 도입하여 그를 기반 삼아 혁신가들의 주도로 새로운 생태계를 만들고 발전을 추진하는 활동이다. 따라서 지역의 문제를 파악하고 문제 해결을 위한 아이디어를 제시하며, 이를 이루기 위해 지역 자원과 잠재력을 파악하고 활용하여 지역 발전에 기여하는 혁신가의 발굴, 육성, 성장은 필연적이다.

이와 관련해 날로 급변하는 글로벌 동향을 보면, 혁신이 지역 간 경쟁을 강화하고 지역 발전의 지속성을 확보하는 데 중요한 역할을 한다는 인식이 뿌리내리고 있다. 그러나 대한민국은 윤석열 정부 출범 이후 지난 10년 동안 활성화되었던 지역의 혁신 정책이 점점 뒤로 후퇴하고 있다.

편 가르기와 진영 논리 행정

그중에서도 서울시의 혁신 정책과 제도의 퇴행은 가히 눈 뜨고 못 봐줄 수준이다. 박원순 시장의 유고 이후에 치러진 서울시장 재·보궐 선거에서 오세훈 시장이 당선되고 난 뒤 서울의 혁신 정책과 사업들의 일정 정도 후퇴는 이미 예견된 것이었다. 하지만 그나마 서울시의회 내에서 다수당이었던 민주당의 방어로 간신히 퇴행을 막고 있던 상황은 2022년 지방선거 이후 민주당이 소수당이 되자마자 완전히 뒤집히고 말았다.

국민의힘이 다수당이 된 서울시의회는 마을공동체 조례를 폐지하고, 〈서울시 마을공동체종합지원센터〉를 없앴다. 또한 각 자치구에 있는 〈마을공동체지원센터〉까지 폐쇄해 현재는 민주당 출신 기초 지자체장이 있는 성동, 은평 등 몇몇 지자체만 직영 방식으로 간신히 명맥을 유지하고 있다.

그뿐만이 아니다. 〈서울시 도시재생지원센터〉도 폐쇄하고, 지역의 관련 센터들도 폐쇄하였다. 〈서울시 NGO지원센터〉도 문을 닫고 사라졌다. 사회주택 분야는 신규 사업을 중단하고 감사원 수준의 감사를 진행하기도 했다. 서울시의 극단적인 사회주택 죽이기 때문에 사회주택 사업을 하는 사회적 기업 같은 혁신 기업들은 고사(枯死) 직전의 위기에 빠졌다.

오세훈 서울시장은 마을공동체, 사회적경제, 사회주택, 협치 등의 사회혁신 분야에서 활동하던 혁신가들을 정치적 반대파로 규정하고, 배제와 탄압을 하고 있다. 서울시의 행정을 전형적인 진보-보수의 진영 논리로 접근하여 이끌어가는 것이다. 그러나 사회혁신을 실천하는 혁신가들은 다양한 분야에서 협업을 통해 지역의 문제를 해결하고자 수고를 아끼지 않았던 이들이다. 그럼에도 오세훈 서울시장의 편 가르기 행정으로 인해 박원순 시정에 빌붙어 먹던 적폐 취급을 당하고 있다.

설상가상으로 윤석열 정부가 들어서고 국민의힘 지자체장들이 곳곳에서 선출되자, 이러한 오세훈식 편 가르기와 진영 논리 행정은 전국으로 확산하였다. 경기도 고양시의 경우 혁신가들이 활발히 활동한 지자체인데도 혁신 정책 예산을 폭력적으로 삭감했다. 그나마 고양시의회는 민주당 시의원들의 노고로 삭감된 예산을 조금이나마 되살릴 수 있었던 게 다행이라면 다행이었다.

사회혁신, 세력화를 준비하자

그럼에도 우리는 윤석열 정부와 오세훈 시장의 재임 기간에 빚어지는 사회혁신의 퇴행을 두 눈으로 똑똑히 지켜보면서 자칫 패배 의식에 젖어 들기보다는 다시 신발 끈을 고쳐 매는 자세가 필요하다.

"준비라는 건요, 원래 형편이 안 될 때 하는 거예요. 왜냐? 형편이 되고 기회가 왔을 땐 날아다녀야 하니까."

_만화 『미생』 中에서

형편이 안 되는 지금 바로 준비해야지, 나중에 형편이 좋아지면 그 때 가서 저절로 지역 혁신의 날개를 펼 수 있을까? 그렇지 않다. 지금 준비 못 하면 형편이 되고 기회가 오더라도 할 수 있는 것이 거의 없다. 따라서 이 순간 우리에겐 다음과 같은 실천이 필요하다.

맨 먼저 지역의 사회혁신, 즉 지역 혁신이라는 화두를 다시금 되새겨야 한다. 사회혁신을 실천하는 장은 다름 아닌 지역이다. 혁신의 장으로서의 지역을 성찰하고 되돌아봐야 한다. 성찰을 통해 기존의 지역 시스템에서 실패한 영역을 한번 되짚어 보자는 것이다. 시장(市場)은 왜 실패했고, 그 시장의 실패를 보완하기 위해서 등장했던 사회적경제는 뭐가 부족했는지 말이다. 사회적경제, 지역재생, 주민자치 등도 마찬가지이다.

다음으로, 지역에서 기존의 시스템이 실패한 영역인 시장, 지역재생,

주민자치 등에 대한 지속적인 대안 발굴과 실험이 시도되어야 한다. 지역의 시장 경제는 사회혁신가들이 사회적경제의 방식으로 대안적 모델을 만들어 가야 한다. 또한 민관협력 거버넌스를 지역 상황에 맞게 다시 설계하여 협치의 새로운 구조를 짜야 한다. 사회적경제 방식의 시장 경제와 새로운 협치 구조는 지역재생의 튼튼한 기반의 역할을 할 것이다.

마지막으로, 이 새로운 실험을 위해서는 분열을 딛고 '우리 사이의 연대'를 완성해야 한다. 연대의 완성을 통해 '혁신의 세력화'를 이루어야 실패한 시스템을 걷어버리고, 새로운 대안을 창출할 수 있다. 이를 위해선 고인이 되신 김대중 전 대통령의 호명(呼名) 정치를 복원해야 한다. 1987년도에 여의도에서 김대중 당시 대통령 후보는 국민을, 노동자를, 농민을, 도시빈민을 호명하며 이들이 주인이 되는 정치를 선언한 바 있다. 나는 김대중 대통령으로부터 시작된 이러한 정치적 올바름을 '호명 정치'라고 부른다. 故 노회찬 의원의 그 유명한 '6411번 버스' 연설도 마찬가지이다. 이제는 연대를 통한 혁신가들의 세력화로 정치가 사회혁신을 호명하게끔 만들어야 할 때다.

"6411번 버스라고 있습니다. 서울시 구로구 가로수 공원에서 출발해서 강남을 거쳐서 개포동 주공 2단지까지 대략 2시간 정도 걸리는 노선버스입니다. 내일 아침에도 이 버스는 새벽 4시 정각에 출발합니다. (중략) 이 버스에 타시는 분들은 새벽 3시에 일어나서 새벽 5시 반이면, 직장인 강남의 빌딩에 출근을 해야하는 분들입니다. 지하철이 다니지 않는 시각이기 때문에 매일 이 버스를 이용하고 있습니다. 한 분이 어쩌다가 결근을 하면 누가 어디서 안 탔는지 모두가 다 알고 있습니다. (중략) 이분들은 태어날 때부터 이름이 있었지만, 그 이름으로 불리지 않습니다. 그냥 아주머니입니다. 그냥 청소하는 미화원일 뿐입니다. 한 달에 85만 원 받는 이분들이야말로 투명 인간입니다. 존재하되, 그 존재를 우리가 느끼지 못하고 함께 살아가는 분들입니다. (중략) 저는 스스로에게 묻습니다. 이들은 아홉시 뉴스도 보지 못하고 일찍 잠자리에 들어야 하는 분들입니다. 그래서 이분들이 유시민을 모르고, 심상정을 모르고, 이 노회찬을 모를 수도 있습니다. 그러나 그렇다고 해서 이분들의 삶이 고단하지 않았던 순간이 있었겠습니까? 이분들이 그 어려움 속에서 우리 같은 사람을 찾을 때 우리는 어디에 있었습니까? 그들 눈앞에 있었습니까? 그들의 손이 닿는 곳에 있었습니까? 그들의 소리가 들리는 곳에 과연 있었습니까?"

_2012년 7월 21일 故 노회찬 의원의 진보정의당 당대표 수락 연설 中에서

지역 혁신이 성공하는 조건

혁신에 성공하는 지역은 어떤 곳일까?

서울시, 부산시, 광주광역시 같은 대도시일까? 목포시, 군산시, 보령시, 포항시 같은 중소 도시일까? 도시의 규모가 혁신의 성패를 결정짓는 요인은 아니다. 혁신에 성공하는 도시는 혁신 역량을 차곡차곡 쌓고, 다양성을 품어 안는 개방적인 포용 도시이다.

지역이 축적해야 할 혁신 역량

주민 참여는 지역사회에 애정을 가진 시민들의 자발적 참여다. 이것이 우리의 지역에 필요한 첫 번째 재생 역량이다. 도시는 시민들의 자발적인 참여를 끌어낼 다양한 주민 참여 프로그램을 운영하고 지원하여 주민 참여라는 재생 역량을 쌓아야 한다. 역량의 강화나 성장은 기술의 습득이 아니라 '자치력'의 성장에 있다. 따라서 주민 역량의 강화는 마을의 일을 주민들 스스로 선택하고 결정하여 행동으로 옮기는 자치력을 성장시키는 행위다. 주민 역량을 성장시킨다는 것은 주민들에게 정보의 접근성을 높여 주고, 지역의 행사나 주요 사업에 참여하게 하며, 무임승차가 아닌 책임감을 부여하고, 주민을 조직하여 혼자가 아닌 여럿이 함께 일하게 만드는 것이다. 이를 주민 역량 성장의 '싸가지(4가지)'라 한다. 주민 역량 성장의 '싸가지'를 통해 주민들의 자치 역량, 사업 수행 역량, 공동체 역량을 성장시켜야 한다.

지역에 필요한 두 번째 역량은 준비된 사회혁신가들이다. '주민 참여, 주민 주도'의 지역 혁신을 실현하기 위해서는 준비된 '사회혁신가'들이 필요하다. 지방자치단체들은 사회혁신가들을 발굴, 육성하여 재생 역량을 쌓아야 한다. 지역 혁신에는 다양한 지역사회 네트워크들의 협력과 참여가 필수적인데, 이 네트워크들을 엮어내는 주체가 바로 주민들과 호흡하는 준비된 사회혁신가들이다. 이들은 고정된 역할, 달리 말해 얼굴이 없다. 때로 기업가의 모습, 또 때로는 정부의 정책 입안자의 모습, 지역사회 활동가의 모습, 연구자의 모습처럼 다양한 얼굴을 가져야 한다. 역량이 뛰어난 혁신가일수록 여러 업무를 동시에 잘 처리하는 멀티태스킹(multitasking) 능력이 뛰어나다. 이러한 역량이 그들의 무기이기 때문이다.

지역 혁신의 성공을 위한 세 번째 역량은 '청년'이다. 쇠락하는 비수도권 도시에 새로운 활력을 불어넣는 지역재생 사업에는 도로 정비나 생활 SOC 건립, 골목길 정비 같은 물리적 사업만 필요한 것은 아니다.

창의적인 인재들이 있어야 한다. 지역이라는 장소의 재생은 공간과 장소를 활성화할 사람의 준비가 핵심이기 때문이다. 그래서 지역에 활력을 충천해 주는 청년들을 초대해야만 된다. 청년들은 준비된 혁신가이다. 기존 질서에 억압되지 않는 창조적 작업은 열정, 혁신, 저항 등의 에너지가 필요하다. 이러한 에너지는 열정 세대, 혁신 세대인 청년 세대가 가장 많이 지니고 있다.

안타깝게도 그동안 많은 중소 도시에서 청년들을 도구적 수단으로만 활용해 왔다. 그 과정에서 많은 청년이 상처받고 떠났다. 이런 일이 반복되지 않으려면 도구적 수단으로서의 청년이 아니라 혁신과 창조성의 원천으로서 청년을 다시 바라봐야 한다.

청년은 창조 계급

여러 중소 도시는 청년들을 유인하기 위해 청년 주택이나 창업 공간, 공공임대상가 등의 방법을 재생 사업에 담는다. 지역재생 사업의 목표는 혁신의 플랫폼 구축이다. 혁신의 플랫폼인 지역재생 사업지는 공공임대상가, 소셜벤처 창업 지원과 같이 창의적인 청년을 위한 일자리를 담아내는 그릇이 된다.

이런 노력에도 지역사회에는 청년들의 초대를 가로막는 '걸림돌'이 많다. 상당수 지역사회는 여전히 폐쇄적이고, 포용성이 낮다. 청년들이 민감하게 인식하는 공정과 공평함도 연고주의에 막혀 있다. "나이도 어린것이..."하는 식의 권위주의도 여전하다. 청년들의 새로운 사고와 혁신적 행동을 담아내기에는 아직 갈 길이 멀다.

방금 앞에서 지역 혁신을 성공으로 이끄는 세 가지 역량인 주민 참여, 준비된 사회혁신가, 청년에 관해 이야기했다. 물론 지역의 성공에는 이 세 가지 역량 이외에 여러 요인이 결합돼야 할 것이다. 아무튼 세 가지 역량을 담아내는 지역은 새로운 생각이나 흐름에 대한 개방성이 높고, 이질적 문화에 대한 포용성이 높으며, 익숙하지 않은 것들에 대한 다양성이 높은 도시이다. 개방성, 포용성, 다양성을 지녔는지 아닌지가 결국 지역의 성공과 실패를 가르는 기준이 될 것이다.

지역의 창조성을 회복해야

대한민국은 지금 '승자독식의 도시(Winner-takes-all Urban)'로 인해 죽은 도시들이 늘어나고 있다. 거의 죽기 일보 직전인 도시도 존재한다. 반면 서울 같은 승자독식의 도시 역시도 비싼 집값, 불평등의 심화, 엘리트들의 집중화로 도시의 창조성을 잃어간다. 승자독식의 도시가 청년, 예술가, 사회운동가, 벤처창업가 등 혁신가들을 쫓아내는 급행열차를 출발시킨 것이다. 이대로라면 결국 승자독식의 도시도 창조성을 상실한 채 언젠가는 죽어갈 것이다.

죽은 도시란 창조성의 죽음을 의미한다. 시민의 커뮤니티를 지우고, 장소성과 역사성을 지우는 도시는 죽은 도시이다. 커뮤니티와 장소성, 역사성 속에서 도시의 창조성이 발현되고 실현되기 때문이다. 또한 죽은 도시는 승자독식의 도시로 인해 쇠퇴 일로의 길을 걷고 있는 비수도권 도시들이다. 이 지역들은 창조성을 실현할 사회혁신가를 초대하여 정착시킬 매력적인 수단들이 없다.

죽은 상어를 포름알데히드에 담가 유리관에 넣은 「살아 있는 자의 마음속에 존재하는 죽음의 물리적 불가능성」이란 미술 작품이 있다. 20세기 말 미술계의 슈퍼스타 데미안 허스트(Damien Hirst)의 작품이다. 이 대목에서 논쟁적인 작가 데미안 허스트와 그의 작품을 갑자기 뜬금없이 평가하려는 것은 아니다. 데미안 허스트의 혁신과 창조성을 이야기하려는 것이다.

미술가는 작품을 직접 그리거나 만들어야 한다는 것이 우리의 상식이다. 하지만 데미안 허스트는 "미술가는 건축가나 마찬가지다. 건축가는 집을 직접 짓지는 않는다"라고 했다. 이는 현대 미술의 아이콘인 앤디 워홀(Andy Warhol)이 했던 "나는 그림 같은 거 직접 그리는 사람이 아니다"라는 발언과 정확히 맥을 같이 한다.

미술 작품 공장의 공장장을 자처한 앤디 워홀과 데미안 허스트의 작품들에는 미학적 소신과 독창성, 진정성이 담겨 있다. 그들은 작품이 조수들과의 공동 작업의 결과물이라는 사실을 공개적으로 밝힌 바 있다. 그럼에도 그들이 제작한 작품들을 두 사람의 작품이라고 인정하는 것은 해당 작품의 콘셉트 디자인(개념 설계)이 앤디 워홀과 데미안 허스트의 창조성과 독창성의 결과라고 보기 때문이다.

이처럼 결국은 콘셉트 디자인이 혁신성과 창조성의 본질이다. 미술계는 이미 그림을 잘 그리는 사람이 아닌 미학적 독창성과 진정성을 기획하는 사람을 혁신가로 대접하고 있다. 일례로 영국의 골드스미스 대학교는 스케치나 그림을 잘 그리지 못해도 미대 입학을 허락한다. 커리큘럼도 혁신적이며, 실기 수업은 별로 하지 않고 토론 수업만 많이 한다.

이렇듯 혁신의 본질은 '실행'이 아니라 '콘셉트 디자인'이다. 실행은 혁신을 이루는 과정일 뿐이다. 쇠락하는 도시가 재생에 성공하려면 지역의 창조성과 이 창조성을 디자인하고 실행에 옮길 창의적인 사람들이 필요하다. 결국 창조성은 새로운 눈으로 지역사회를 재조명하는 사람의 머리에서 나온다. 그래서 지역 혁신에 성공하고 싶은 지방자치단체들은 물리적 공간의 조성보다 '창의적인 인재'를 유치하는 것에 관심을 두어야 한다. 이 길이 바로 지역의 창조성을 회복하는 유일한 길이기 때문이다.

| 참고 문헌

〈단행본〉

G. 에스핑앤더슨, 《복지 자본주의의 세 가지 세계》, 성균관대학교 출판부, 박시종 역, 2007

고바야시 시게노리·모리기념재단 편저, 《도시의 가치를 높이는 지역 매니지먼트》, 미세움, 이삼수·윤장식·송준환 공역, 2021

김미정 · 이주원, '여럿이 함께 살아가는 집', 《공유야 놀자!》, 서울연구원, 2015

김수현, 《부동산과 정치》, 오월의봄, 2023

김수현, 《부동산은 끝났다》, 오월의봄, 2011

김수현·진서윤, 《꿈의 주택정책을 찾아서》, 오월의봄, 2017

김수현·진서윤, 《집에 갇힌 나라, 동아시아와 중국》, 오월의봄, 2021

김태동·이근식, 《땅, 투기의 대상인가 삶의 터전인가》, 비봉출판사, 1989

리처드 플로리다, 《도시와 창조계급》, 푸른길, 이원호·이종호·서민철 역, 2008

바바 마사타카·하야시 야쓰미·요시자토 히로야, 《도쿄R부동산 이렇게 일합니다》, 정예씨, 2020

발레리 줄레조, 《아파트 공화국》, 후마니타스, 길혜연 번역, 2007

배문호, 《부동산, 노태우에서 문재인까지》, 바른북스, 2022

손낙구, 《부동산 계급사회》」, 후마니타스, 2008

안일원, 《한 방에 끝내는 당성지침서》, 리서치뷰, 2023

이영행·이태관, 《도시재생론》, 박영사, 2022

이주원, 《내 삶을 바꾸는 도시재생》, 도시재생디자인랩, 2020

이주원, 《뉴타운 출구전략》, 서울연구원, 2016

이주원·김윤희·김하윤·정재오, 《두껍아, 우리마을을 부탁해 – 산새마을 이야기》, 서울특별시, 2016

이진경 엮음, 《모더니티의 지층들 - 현대사회론 강의》, 그린비, 2007

임서환, 《주택정책 반세기》, 기문당, 2005

재정경제부·건설교통부·국정홍보처, 《투기시대의 종말 - 참여정부 부동산 정책 길라잡이》, 국정홍보처, 2016

제인 제이콥스, 《도시와 국가의 부(Cities and the Wealth of Nations)》, 나남출판사, 서은경 번역, 2004

제프 멀건, 《사회혁신이란 무엇이며, 왜 필요하며, 어떻게 추진하는가》, 시대의창, 2013

조귀동, 《이탈리아로 가는 길》, 생각의힘, 2023

주총연고령기거주위원회 편저, 《노후를 위한 집과 마을》, 클, 박준호 역,

2014

진영효, 《마을살이 집살이 사람살이》 창조적 도시재생 시리즈 49, 국토연구원, 2014

진희선, 《대한민국 부동산 트랜드》, 행복에너지, 2021

최민아, 《우선 집부터, 파리의 사회주택》, 효형출판, 2020

하성규·유재현·권용우·장성수, 《집, 기쁨과 고통의 뿌리》, 비봉출판사, 1993

헬렌 니어링·스콧 니어링, 《조화로운 삶의 지속》, 보리, 윤구병·이수영 공역, 2002

후지요사 마사하루, 《이토록 멋진 마을》, 황소자리, 김범수 역, 2016

〈연구 보고서 및 정기 간행물〉

국토교통부, 「사회주택 활성화 방안」, 2019

국토교통부, 「주거복지로드맵」, 2017

김난수, 「현장사례를 통해 본 사회주택의 의미와 과제」, 새로운사회를여는연구원, 2018

김준형 외, 「주택시장의 변동성에 대응한 안정적 주택정책 형성을 위한 국내외 제도 및 사례연구」, 국회입법조사처, 2022

김태섭 외, 「사회적주택 공급 활성화 방안 연구」, 국토교통부, 2015

김혜승 외, 「사회적경제조직에 의한 주택공급 방안 연구」, 국토연구원, 2014

김흥준·박아람·손단비·유다운, 「서울혁신파크의 개발 정책을 둘러싼 역동과 욕망」, 연세대학교 문화기술지 보고서, 2023

남원석, 「공적임대주택의 공급체계에 대한 모색」, 〈공간과사회〉 통권61호, 2017

박동완, 「20112년 서울특별시 은평구 주거복지 및 지역개발정책 역량강화 국외연수 보고서」, 은평구청, 2012

박은철, 「사회주택 프로그램 도입방향」, 서울연구원, 2016

박은철·김수경·오근상, 「사회주택 활성화 쟁점과 정책과제」, 서울연구원, 2017

봉인식, 「공공임대주택 정책의 새로운 방향과 경기도의 과제」, 경기연구원, 2016

새로운사회를여는연구원, 「서울시 사회주택 3개년 정책 경과」, 〈2018 서울시 사회주택 포럼 발표자료〉, 2018

서종균, 「사회주택과 주거권운동」, 〈도시와 빈곤〉 제100호, 한국도시연구소, 2012

이은경·이다현, 「사회혁신, 비판적 성찰과 전망 : 사회혁신2.0의 탐색을 위해」, 〈희망이슈〉 No. 72, 희망제작소, 2023

이주원 外, 「경기주택도시공사 사회주택 특화 모델 연구」, 경기주택도시공사, 2023

이태리·박진백, 「주택 시장과 통화(금융) 정책의 영향 관계 분석과 시사점」, 〈국토정책 브리프〉 902호, 국토연구원, 2023

임재만, 「전세 피해 구제를 위한 채권매입 방안」, 〈국회 전세사기 피해 해결을 위한 제도 개선 토론회 자료집〉, 2023

정미나, 「사회혁신이란 무엇인가 : 사회혁신의 특성과 사회변화」, 〈월간 사회혁신의 시선〉, 2016

진미윤, 「국제 비교적 관점에서 임대주택 시스템 변화와 향후 정책 방향」, 〈국토연구〉 제71권, 2011

한국주거학회, 「한국형 사회주택의 개념 정립과 유형화 연구」, 〈한국주거학회지〉 Vol.28. No.6, 2017

〈보도 기사〉

국정홍보처 특별기획팀, 실록 부동산정책 40년, 대한민국정책브리핑, 2007

노동당이 31석 압승 거둔 이유…'스스로를 구한 도시' 영국 프레스턴, 한겨레21, 2023.5.25

서울은 탄소감축 겨우 3%, 조만간 뉴욕보다 많이 배출한다, 한국일보,

2022.12.13

자치공동체센터 예산 75% 삭감… 사업비는커녕 인건비 '반토막, 고양신문, 2022.11.28

캠핑카와 조립식 주택 사이로 아이들 웃음소리가, 한겨레21, 2023.5.25

| 주석 |

1 1997년 IMF 경제위기 당시 대한민국의 빚을 갚기 위해 모든 국민이 자신이 소유하던 금을 자발적으로 대한민국 정부에 내어놓은 운동이다. 당시 대한민국은 외환 부채가 약 304억 달러에 이르렀는데, 이 빚을 갚기 위해 약 351만 명이 참여한 '금 모으기 운동'으로 약 227톤(당시 기준 18억 달러 가치)의 금을 모았다.

2 불교계 최초의 NGO 단체로 1991년 창립했다. 〈경불련〉은 불교의 현대화와 민주화를 통한 사회 정의와 경제 정의를 실현하고, 환경과 생명을 존중하는 불교시민운동을 전개하는 시민단체이다. 창립 초기 경불련은 금융실명제와 토지공개념 등 경제 개혁 촉구 운동을 불교계가 적극 참여하도록 이끌었다.

3 2006년 7월 설립한 비영리 법인으로, 성북구를 중심으로 사회 운동을 펼치는 단체이다. 주요 활동으로 홈리스 지원 사업, 주거복지 사업, 사회주택 지원 사업, 지역 자산화 사업 등을 펼치고 있다. 현재 성공회 송경용 신부가 이사장을 맡고 있다.

4 젠트리피케이션(gentrification)은 '둥지 내몰림'이라고도 하며, 낙후되거나 저소득층이 주로 거주하던 지역이 재개발되면서 부동산 가격이 올라 원주민이 쫓겨나는 현상을 말한다.

5 노영민은 문재인 정부에서 대통령 비서실장을 지낸 정치인이다. 문재인 정부의 12·16 부동산 대책 발표 당시 청와대 고위 공직자들을 향해 6개월 내 다주택을 해결하라고 지시했다. 노영민 비서실장 역시도 서울 반포와 충북 청주에 각각 주택을 보유한 2주택자였다. 그러나 그는 서울 반포의 아파트가 아니라 국회의원 시절 자신의 지역구였던 청주시 소재 아파트를 처분하기로 했다. 당시 청와대 참모들에게는 수도권 규제 지역 등의 값비싼 집을 처분하라고 지시했으면서 정작 자신은 고가의 아파트를 그대로 보유하기로 한 것이다. 이에 대한 비난 여론이 쏟아지자, 노영민 비서실장은 결국 반포의 아파트를 처분한다.

6 역모기지론(reverse mortgage loan)은 보유 주택을 담보로 생활에 필요한 자금을 연금 형태로 받는 제도이다.

7 미국의 중앙은행 격인 연방준비제도(Fed)의 금리 변동 폭을 지칭하는데, 베이비 스텝은 0.25%p, 빅 스텝은 0.50%p, 자이언트 스텝 0.75%p를 의미한다.

8 닉슨 독트린(Nixon Doctrine) : 미국 대통령 리처드 닉슨이 1969년 7월 25일 괌에서 발표한 외교 정책이다. '공중 공격이나 위협에 대해서는 아시아 여러 나라 당사자 자신이 저항·저지해야 한다'라는 입장을 선언한 이 원칙은 미국의 재래식 아시

아 방위 개념을 전폭 수정한 것으로 1980년대에까지 영향을 주었다.

9 광주대단지사건(廣州大團地事件) : 1971년 8월 10일 화요일, 경기도 광주군 중부면 성남출장소 관할 구역에서 일어난 대규모 도시빈민 봉기다. 대한민국 정부 수립 이후 민중이 공권력에 저항한 사례는 셀 수 없을 정도지만, 정치적인 문제가 아닌 경제적인 문제로 도시빈민이 공권력에 대해 폭력과 약탈을 동반한 적극적인 저항을 행사했다는 점에서 대한민국 역사상 유례가 드문 중요한 사건이다. 이 사건은 광주광역시나 지금의 경기도 광주시에서 일어난 일이 아니다. 사건 발생 지역은 현재의 행정구역으로 따지면 성남시의 수정구 및 중원구에 속해 있는데, 이 지역은 사건 당시엔 독립된 시가 아닌 광주군 산하의 성남출장소였기 때문이다. 이후 성남이 광주에서 독립해 시로 승격되었으나, 사건 발생 기준 행정구역 명칭에 따라 광주대단지사건으로 일컫는다.

10 『택지개발촉진법』은 1980년 정부가 500만 호 주택 건설 계획의 추진을 위한 택지 확보를 목적으로 1980년 12월 입안해 제정되었다. 이 법으로 사업 주체가 대도시 주변 지역에 대규모 토지를 저렴하게 매입할 수 있을 뿐 아니라 단기간에 신속한 사업 추진이 가능해졌다.

11 이촌향도(離村向都) : 1960~70년대 한국은 경제개발을 위해 노동집약적 산업을 적극적으로 유치한다. 이를 뒷받침하려면 저임금의 노동자들이 필요했고, 이에 정부는 이촌향도 정책을 추진한다. 이촌향도 정책은 경제 성장을 뒷받침하기 위해 정부가 농산물 가격을 낮게 유지하는 정책을 지속하여 농촌 인구의 도시로의 이농을 촉진하는 정책이었다. 농촌 인구의 도시 유입은 산업 노동력을 상대적인 과잉 상태로 만들어 구조적으로 도시빈민과 하층 노동자를 만들어 냈다.

12 임서환(2005). 주택정책 반세기. 기문당. p.150.

13 금융실명제(金融實名制)는 금융 기관에서 금융 거래할 때 가명 혹은 무기명에 의한 거래를 금지하고, 실명임을 확인한 후에만 금융거래가 이루어지도록 하는 제도이다. 대한민국에서는 대통령 긴급명령인 『긴급재정경제명령 제16호』를 통해 1993년 8월 12일에 전면적으로 실시되었다.

14 부동산은 소유자의 명의로 등기하는 것이 당연한 일임에도 명의신탁을 허용함으로써 다른 사람의 이름으로 부동산을 실제와 다르게 등기할 수 있었다. 그 결과 부동산 투기가 조장되고, 탈세, 음성 불로소득이 발생하는 등 경제적, 사회적으로 폐해가 커서 부동산 거래의 관행과 제도를 바로잡아 투기의 재현을 방지하고자 1995년 7월 1일 부동산실명제를 도입하였다.

15　님비 현상은 지역사회에는 필요하지만, 자신이 속한 지역에는 이롭지 아니한 일을 반대하는 행동을 뜻한다. 'Not In My Backyard(내 뒷마당에는 안 돼)'의 약자로, 쓰레기 소각장, 장애인 시설, 노숙자 시설, 공항, 화장장, 교도소, 버스 차고지, 공동묘지, 축사, 요양원, 정신병원, 유기동물 보호센터, 공공임대주택과 같이 지역 주민들이 혐오하는 특정 시설 또는 땅값이 떨어질 우려가 있는 시설이 자신이 거주하는 지역에 들어서는 것을 반대하는 사회적인 현상을 말한다.

16　2020년 7월 말 시행된 임대차 3법은 전월세상한제(임대료의 인상을 임대료의 5% 내로 제한), 계약갱신청구권(2년+2년 계약 보호), 전월세신고제(임대차 계약 당사자가 임대 기간, 임대료 등의 계약 내용 신고)를 말한다. 3가지 제도를 도입했지만, 실제 법 개정은 『주택임대차보호법』과 『부동산거래신고법』에서 이루어졌다.

17　LTV(Loan To Value)는 매매가 대비 주택 담보 대출 비율을 의미한다. DTI(Debt To Income)는 총부채 상환 비율로, 소득에서 몇 퍼센트가 전체 빚의 '원금과 이자(원리금)'를 갚는 데 사용되는지를 따지는 것이다. DSR(Debt Service Ratio)은 총부채 원리금 상환 비율로, 모든 부채의 연간 원리금 상환 총액을 기준으로 대출 한도를 정하는 비율이다.

18　'뇌(腦)'와 '오피셜(official, 공식 입장)'의 합성어로, 자기 혼자만의 생각을 공식적으로 검증된 사실인 것처럼 주장하는 행위 또는 그러한 주장을 뜻한다.

19　이 글은 2023년 7월 9일 방영된 안동 MBC 시사 프로그램 '사생결담' 221회 '전세사기 실태와 대책'에서 인터뷰한 내용을 재구성한 것이다.

20　이 절은 2015년 서울연구원에서 발간한 《공유야 놀자!》에 김미정·이주원 공저한 '여럿이 함께 살아가는 집'을 두 편으로 나누어 재정리한 글이다.

21　팔랑스테르(프랑스어: phalanstère, 영어: phalanstery)는 19세기 초 샤를 푸리에가 제안한 자급자족적 유토피아 공동체주택으로, 500~2,000명이 거주하면서 상부상조하는 마을을 만드는 것을 목표로 했다.

22　공유지의 비극(Tragedy of the Commons)은 지하자원, 초원, 공기, 호수에 있는 고기와 같은 개방적인 자원을 개인이 자신의 이익에 따라 이용할 때 고갈이 발생하는 경제적 상황을 설명하기 위해 동원되는 개념이다. 1833년 영국의 경제학자 윌리엄 포스터 로이드(William Forster Lloyd)가 쓴 에세이에서 유래되었는데, 그는 영국과 아일랜드에서 규제되지 않은 방목의 영향을 가상의 예로 사용했다. 공유지의 비극은 기후 위기, 지속 가능한 개발, 경제 성장, 환경 보호와 관련하여 자주 인용된다.

23 김혜승 외, 「사회적경제조직에 의한 주택공급 방안 연구」, 국토연구원, 2014

24 낙인 효과(Stigma Effect)는 부정적인 낙인이 찍힌 사람이 실제로 그렇게 행동하게 되어 부정적 인식을 더욱 강화하는 현상을 일컫는다.

25 이 절은 2015년 서울연구원에서 발간한 《공유야 놀자!》에 김미정·이주원 공저한 '여럿이 함께 살아가는 집'을 두 편으로 나누어 재정리한 글이다.

26 2022년 7월 28일 발표된 통계청 자료에 따르면, 2021년 국내 1인 가구는 716만 가구(총가구는 2,202만여 가구)로 1년 전보다 52만여 가구가 늘었다. 1인 가구 중 가장 많이 증가한 연령대가 60대였다. 60대 1인 가구는 지난 1년 새 13% 이상 급증했다. 2020년 전체 1인 가구의 26% 정도이던 50~64세 중장년 1인 가구는 2025년부터는 청년층보다 더 큰 비중을 차지하게 될 것으로 예상된다. 1인 가구는 대체로 열악한 주거환경과 과도한 주거비 부담이라는 어려움을 겪고 있다. 주목할 지점은 중장년 1인 가구에서 고용 불안, 주거 불안정을 겪는 가구가 급속히 늘고 있다는 것이다.

27 프로젝트 파이낸싱(Project Financing, PF)은 미래에 발생하는 현금 흐름 및 사업성을 담보로 해당 프로젝트를 수행하는 데 필요한 자금을 조달하는 금융 기법이다.

28 선별적 복지는 잔여적 복지라고도 한다. 선별적 복지는 '모든 국민'이 아닌 자격과 요건을 갖춘 특정한 국민에게만 '선별적'으로 하는 복지를 의미한다. 즉 복지가 필요한 사회 구성원들에게만 선택적으로 행하는 복지 제도이다. 선별적 복지의 가장 대표적인 사례로는 국민기초생활보장제도가 있다.

29 그러나 주택도시보증공사(HUG)는 탄탄주택협동조합의 조합원이자 임차인들의 전세보증금 반환보증보험의 가입을 보류, 거부하였다. 그뿐만 아니라 탄탄주택협동조합의 임대보증금 보증보험 가입도 보류, 거부했다. HUG의 홈페이지에서 안내하고 있는 '보증상품개요'에 따른 요건을 탄탄콥과 전세사기 피해자가 모두 갖추었음에도, (1) 탄탄주택협동조합과 전세사기 피해자가 동일인이라는 점(소유자 협동조합이라는 점), (2) 탄탄주택협동조합의 보증 가입을 승인하면 위 보험 가입 제도가 악용될 우려가 있다는 점을 근거로 가입 신청을 거부하였다. 그러나, 탄탄주택협동조합과 그 구성원인 전세사기 피해자(조합원)는 별개의 법인격을 가진 주체이므로 양자를 동일인으로 볼 수 없다. 『협동조합기본법』 제4조 제1항에 따르면 협동조합은 "법인"이고, 법인과 그 구성원의 법인격은 별개의 것이다. 또한 탄탄주택협동조합의 보증보험 가입을 승인할 경우, 보증보험가입 제도가 악용될 우려가 있다고 하는데, HUG는 보증의 가입 신청에 대하여 의무적으로 승인해 주지 않아도 된다. 허그

는 재량에 따라 승인 여부를 결정할 수 있으므로, 보증보험 제도가 악용될 가능성은 적다. 만약 보증제도를 악용하려는 자가 가입 신청을 하는 경우 재량적 판단하에 그 신청을 거절할 수 있다. 즉 보증제도가 악용될 위험성이 커지는 것은 아니다.

30 도시 기능의 회복이 필요하거나 주거환경이 불량한 지역의 주거환경 개선을 위한 사업을 의미한다. 노후하거나 불량한 건축물이 밀집된 지역을 대상으로 도로, 공원, 공용 주차장 등 정비 기반 시설을 효율적으로 설치하여 도시 환경 개선 및 주거 생활의 질을 향상하기 위한 재개발 사업, 재건축 사업 등을 일컫는다.

31 '에어리어 매니지먼트(Area Management)'는 주민이 지역의 쇠퇴를 스스로 해결하고자 마을을 관리·운영하는 일종의 새로운 주민 참여 지역경영 방안이다. 일본은 2011년 '도시재생 추진 법인 제도'를 도입해 시민단체 등의 활동 조직이 지자체로부터 인정받으면 각종 도시 시설(공원, 광장, 가로 등) 활용에서부터 유지 관리는 물론 임대 등을 통해 수익 창출과 지역 활성화를 할 수 있도록 제도화하였다. 2018년에는 지역재생법에 근거해 '에어리어 매니지먼트 분담금 제도'가 추가 도입되었다.

32 로컬 크리에이터(Local Creator)란 지역의 자연환경과 문화적 자산 등 지역 고유의 특성과 자원을 기반으로 혁신적인 아이디어를 접목해 사업적 가치를 창출하는 혁신가를 말한다. 중소벤처기업부는 지역 경제 활성화를 위해 로컬 크리에이터를 양성하고 있다.

33 고양시의 시의회는 제7회 전국동시지방선거에서 더불어민주당과 국민의힘이 각 17석씩 얻어 야당인 민주당의 협조 없이는 시의 행정을 추진하기 어렵게 되었다. 그래서 국민의힘 출신 고양시 시장이 편성하여 의회에 제출한 사회혁신 분야 예산 일부가 민주당 시의원들의 노력으로 증액되었다.

34 앵커 조직 : 로컬 비즈니스 분야에서 전문성과 창의성을 갖춘 단체나 기업으로 사업계획의 수립 및 운영, 자원 발굴과 유치 등을 수행하는 조직

35 덴마크 코펜하겐 대학에서 학사와 석사 과정을 마치고 미국 위스콘신 대학에서 박사 학위를 취득했다. 미국 하버드 대학교 정치학과 교수, 트렌트 대학교 교수, 스페인 바르셀로나 폼페우 파브라 대학의 사회학과 교수를 역임했다. 주요 저서로는 『복지 자본주의의 세 가지 세계』가 있다.

36 프로파간다(propaganda, 선전) : 일정한 의도를 갖고 여론을 조작하여 사람들의 판단이나 행동을 특정의 방향으로 이끌어 가는 선전 활동이다.

37 프레임워크(framework) : 어떠한 목적을 달성하기 위해 복잡하게 얽혀있는 문제를 단순화시켜 해결하기 위한 구조이며, 프레임워크는 선전·선동을 위한 뼈대

역할을 한다.

38 기후변화에 관한 정부 간 패널(Intergovernmental Panel on Climate Change, IPCC)은 유엔의 전문기관인 세계기상기구(WMO)와 그 산하기관인 유엔환경계획(UNEP)에 의해 1988년 설립된 조직이다.

39 "서울은 탄소감축 겨우 3%, 조만간 뉴욕보다 많이 배출한다", 한국일보 2022. 12.13.

40 C40 도시기후리더십 그룹 : C40는 기후 변화 대응을 약속한 전 세계 대도시들의 협의체로, 서울, 뉴욕, 런던, 파리, 베이징, 도쿄 등 97개 회원 도시가 참여하고 있다.

기본사회로 가는
저비용 도시

초판 1쇄 인쇄　2023년 11월 06일
초판 1쇄 발행　2023년 11월 15일

지은이　이주원
발행　최재훈

기획　최현진
편집　허웅

펴낸곳　도서출판 경계
등록　2011년 1월 19일, 제2012-000279호
주소　서울시 마포구 동교로 129, 301-B
전화　02-3144-1313
팩스　02-3144-0852
이메일　gyeonggyebooks@gmail.com

ISBN　979-11-972002-1-2(03330)